小山晃佑◉著
森泉弘次◉訳

十字架につけられた精神

アジアに根ざすグローバル宣教論

教文館

本書をアジア・キリスト教協議会のスタッフに献げる

NO HANDLE ON THE CROSS

An Asian Meditation on the Crucified Mind

by

Kosuke Koyama

Originally published by SCM Press,
An imprint of Hymns Ancient and Modern Ltd.

序

本書は招かれてカリフォルニア州宗教学大学で行った一九七五年度アール氏記念講義の内容である。わたしは、一九六〇年から六八年まで、日本キリスト教団派遣宣教師としてチェンマイ市にあるタイ国神学大学で神学を教えた。タイにおける神学的経験はわが胸にアジアの宗教文化の遺産に対する敬愛の念を再燃させた。一九六八年から一九七四年の間に、わたしは東南アジア神学校協会と東南アジア神学大学院のスタッフに所属していた関係で、東南アジアの広範囲の神学者たちと共に神学教育に携わる機会に恵まれた。本書に提示されている諸思想は、東南アジアにおけるわたしの宣教活動の初期から今日にいたるまで考え続けてきたものである。

十字軍的精神（わたしはこの言葉をあらゆる類《たぐ》いの「……推進運動」および「……反対運動」を指す広い意味で用いている）は、十字架につけられた精神に導かれている限りにおいて、キリスト教的精神であるとわたしは信じている。「〔キリストの〕復活に与《あずか》る精神」になるのは、いわゆる十字軍的精神ではなく、十字架につけられた精神である。「十字架につけられて死に、復活させせられたイエス・キリスト……」。以上のような見解の背後を探ると、あるイメージが念頭にあることに気づく。すなわち、「十字架には把手《とって》がついていない」ということである。

目次

装幀　熊谷博人

第1章　十字架と弁当箱

イエス・キリストは会社員が書類カバンを持ち運ぶように十字架を担うことはしない。

イエスは言われた、「誰であれわたしについて来たい者は、自分を棄て、自分の十字架を背負って、わたしに従いなさい」（マタイ福音書一六章二四節）。われわれがイエスの後について行きたいという望みを起こすと、イエスはわれわれに自己否定を要求する。自己否定のイメージは率直に言って十字架である。自己否定は社会的に認識されうる象徴を通して表現されなければならない。それにしても、よりによって十字架を担えとは！　イエスに従い行く際、われわれは何という重い、ぶざまな、士気を挫くような物を担って行かなければならないのか！　それでは、われわれの歩みがのろくなるばかりではないか。われわれの内面に迫害コンプレックスを植えつけることにならないか。われわれをことさら真剣にさせ、神経質に、神経過敏に、感情的にさせるあまり、ノーマルな日常生活のペースに適応できなくさせはしないであろうか。十字架を背負い、しかも十字架を担って先立つ師の後について行く人の姿を想像してみたまえ！　なんと滑稽な行列、見世物であることか。「思うに、神はわたしたち使徒を、死刑を宣告された者さながらに、捕虜の群れの最後尾につく者とされたのである。なぜと言って、われわれは世間や天使や人々の見世物にされたのだから」（コリントの信徒への第一の手紙四章九節）〔William Barclay, *The Daily Study Bible, The Letter to Corinthians*, pp. 39, 40 参照〕。だが、イエスに従う行為において十字架を引き受けることが必要なのはなぜであろうか。イエスへの服従の外的しるしと内的精神が十字架であらねばならぬ理由は何であろうか。なぜ弁当箱であってはならないのか。

蓋を開けると栄養たっぷりのゆで卵（できれば辛く味つけしたもの）、スイス産チーズのスライス、ニュージーランド産ラム肉の厚切り、およびグリーン・レタスが現れる弁当箱と、ホット・コーヒーの入った魔法瓶ではだめなのであろうか。イエス・キリストのために度を越して工夫を凝らした、カロリー高く、使い勝手の良い、海外にも知られた、テクノロジーの粋を尽くし、食材が注意深く詰め込まれた弁当箱ではだめなのか？　持ち運ぶのに便利な把手つきの、かっこいい弁当箱で、しかも軽い。こんな気の利いた、実益豊かな、心身ともに強靭にしてくれる弁当箱にしたらどうか！　われわれの手が弁当箱の心地良い重さを感じられれば、胃袋は言うまでもなく、われわれの魂も安らかになれるのではないか。食物はいかなる人にとっても欠くべからざるものである。とすれば、「主に従う」行為においても欠くべからざるものであるはずだ。空っ腹では、イエスについて行く気にもなれまい。「腹がへっては戦《いくさ》はできぬ」

という日本のことわざにもあるではないか。

栄養豊富でたっぷり詰まった弁当箱を手にしていれば、賛美歌「立てよいざ立て 主のつわもの」式に、口笛吹きつつ、足取り軽く歩ける。ここで言う弁当箱は、われわれ人間の工夫の才、霊的および心的活力、強力なかつ実質的な神学、善い誠実な考え方、注意深い（すなわち国際的な、技術の粋を尽くした）計画、および信仰へのわれわれの聖なる献身を象徴している。ではなぜ、「……常に備えして、弁当箱を携え、われに従え」という教えにならないのか。……必要なら、われわれは「主に従う」どころか、主に先立つことさえできるのに。

対照的相違はどこにあるかと言えば、十字架と弁当箱との間にある。すなわち（把手を欠くゆえに）携えるに甚だ不便な物と（把手を備えているゆえに）携えるに至便な物との間に、運ぶ姿が醜い物と魅力的な物、のろくさい動きと迅速な動き、非能率と能率、無用心と安全無事、鈍足と俊足、苦痛と栄光、自己否定と自己肯定との間にある。

十字架が把手を欠くのに対して、〔洋式〕弁当箱には把手がついている。こうしたイメージが何を含意しているかしばし黙想してみよう。「把手」は能率的な操縦あるいは管理の手段を象徴している。強力なエンジンを備えた自動車がわれわれに従うのは、われわれがハンドルを通して操縦するからである。ドアはノブによって操作すれば能率的に開け閉めできる。われわれがあらゆる種類の電気器具を操作するのはスイッチを通してである。発達したテクノロジー的装置はわれわれに「エンジン」（動力）と「ハンドル」（制御手段）とを与えてくれる。制御されていない力はテクノロジーではない。テクノロジーは制御されている力である。[1] そうした意味においてテクノロジーは危険ではない。だがテクノロジーは危険信号を有している。われわれが神を「コントロール」したい強力な誘惑に屈すると、危険信号が点灯されるであろう。ソロモン王の祈り「天も、最高の天すらあなたを容れるには小さすぎます」（歴代誌下六章一八節）は正しい神学的認識の典型を示している。テクノロジーと神学の基本的差異は、前者が「エンジン」とそれを操作する「スイッチや把手」のどちらをも供給するのに対して、後者には「エンジン」はあるが、「スイッチや把手」はないということである。神の力にスイッチを添える神学は、もはや神学ではなく、魔神的な神学的イデオロギーである。神学は神の救済力を「操る」ことを拒否しなければならない。神学は神の救済力について語ろうと試みる。マグニフィカート[2]〔マリアの賛歌、ルカ福音書一章四六―五五節〕を歌おうと試みる。黙想しようと試みる。しかしマイカーや洗濯機を運転するように神の救済力を「扱う」ことはしない。したがって神学は人間をも「道具扱い」はしない。

　テクノロジー的精神は要するに「万事を道具扱いしたがる精神」（handle-minded mind）であるのに対して、神学的精神は「道具扱いを拒む精神」（non-handle-minded mind）である。テクノロジーは物質的な力をコントロールすることを目指す。神学は神の力をコントロールすることを目指さない。だとすれば、テクノロジー的な「万事を道具扱いしたがる精神」で神学に接近してはならない。いにしえのヴェーダ時代のインド共同社会においてブラーマンと呼ばれる僧侶階級が興隆した理由の一つは、神々をなだめ、制御しうる複雑な供犠の儀式を執り行うすべを心得ているのは自分たちだけだと彼らが主張したことだと言われる。ここにはいわばテクノロジー的な道具扱い志向の精神の匂いが感じられる。わたしは「神よ、わたしがほかの人たちのように、奪い取る者、不正な者、姦淫を犯す者ではなく、この徴税人のような者でもないことを、感謝いたします。わたしは週に二度断食をし、全収入の十分の一を献げております」（ルカ福音書一八章一一、一二節）という祈りにもこの種の精神が働いていることに気づく。

「把手なしの」十字架の重圧に耐えて訓練された精神は十字架につけられた精神と呼ばれ、「把手つきの」「機略縦横に利用できる」十字架を運ぶ精神は十字軍的精神と呼ばれる。ファリサイ派的な祈りは、「神よ、罪人なるわたしを憐れんでください」という徴税人の祈りとは対照的である。かと言ってわたしは十字軍的精神を拒否するつもりはない。信仰共同体において、弁当箱を持ち歩く十字軍的精神は慎重かつ親切に扱われなければならないと言いたいのである。それが、われわれの宣教使命において、果たすべき神与の役割を持つとわたしは信じるが、わたしがあえて主張しているのは、十字軍的精神はそれ自体で機能するはずがないということである。それは十字架につけられた精神によって導かれ啓発されなければならない。ファリサイ人の生き方は称賛に値する。ファリサイ人の宗教的献身と霊的工夫の才はたいへん価値がある。「あなたがたの義が律法学者とファリサイ派の義に優らないならば、天国に入ることは決してできない」（マタイ福音書五章二〇節）とあるように。ファリサイ人の神学的弁当箱は良質の蛋白質を豊富に含んでいる。とはいえ、この有名な譬え話は、神によって義とされて家路についたのは、あのファリサイ人よりもむしろ徴税人のほうだったというすばらしい結論で終わるのである。そのことは、ファリサイ人が顕示したような献身的な宗教的および霊的機略の才が、彼の拝する神と同胞との正しい関係を創造することができないということを意味してはいないであろうか。ファリサイ人の献身性はなぜ見当違いなものとなったのか。なぜ今日の世界は、人間存在のあらゆる領域において、機略縦横な工夫の才が骨抜きにされるという悲劇に満ちているのであろうか。なぜ新約聖書は義認と機略の才とをつなぐ機敏なかつ納得させる関係式を提示しないのであろうか。

十字軍的精神が、「十字架につけられて死に、復活する」ためには、十字架につけられた精神の光の中に置かれなければならない。イエスが「わたしについて来たい人は、自己主張をし、自分の弁当箱を携えてわたしに従いなさい」と言わなかったのは、そのせいだとわたしは理解している。機略の才（あの過剰に栄養分を詰め込まれた弁当箱）が本当の意味でその才能を発揮するためには、神学的判断にさらされ、状況の文脈に関連づけられなければならない。しかる後に、機略の才は十字架につけられなければならない。さすれば復活の暁には「神学的洗礼を受けた機略の才」になっているであろう。アジアの教会史が今日われわれに告げているのは、宣教師たちのせっかくの機略の才が、結果としてしばしば神から命じられた宣教活動への現地の人々の参与を乏しくさせていることである。機略の才に富む人々は他の人々からの助けを求め

このばかでかくて、重い、意気阻喪させる
物を運ぶにはどうしたらよいか？

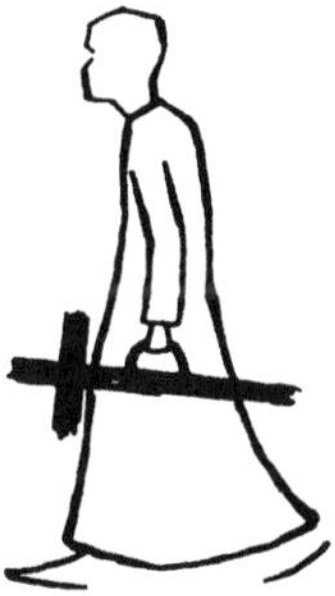

イエスは十字架をビジネスマンが
書類カバンを持ち運ぶように
運んだのであろうか？

中身のぎっちり詰まった把手つき弁当箱を
運ぶのは、なんと楽で、仕事への意欲を
そそることか？

ない。彼らはまさしく何をすべきかを心得ており、頭脳に「より良い工夫」を蓄えており、「より良い戦略」を繰り出せる。それゆえ「神よ、わたしが工夫の才の乏しい他の人々のようでないことを感謝します」と、祈る。六大陸の霊的現状を一望するなら、われわれは十字架につけられた機略の才の神学について世界キリスト教（エキュメニズム）の視座から黙想することを緊急に必要としているのではなかろうか。

　ここで、十字架につけられた機略の才についてしばし語りたいと思う。読者はキリスト教の宣教使命における「モラトリアム論争」〔3〕について耳にしたことがあるのではなかろうか。今日のアジア、アフリカ、およびラテン・アメリカの諸教会が直面しているもっとも重大な宣教問題の一つがそれである。

> 人材および財政面における現行の支援を一時停止すること、神の宣教への召命にふさわしい人材と金銭の最善の使用法の見直しと可能な改正を許容するための「適度な期間」、いかなる新たな支援の実施をも延期すること、および諸教会がこの時代、この世界におけるそれぞれの自分らしさを探究すること。こうした目的の背景には、過去の世俗的および教会的な支配依存関係の類型が、「派遣」する教会と「受容」する教会双方における神の宣教使命にふさわしい応答を高めるよりはむしろ禁圧してきたという確信があった……。[1]

わたしはこうしたモラトリアムは必要だと確信している。伝統的な宣教制度が土着の教会の責任感を萎《な》えさせるような影響を及ぼしているのを見てきたので。この問題が簡単には解決できないのは本当だ。われわれ宣教師の真摯で献身的な姿勢にもかかわらず、派遣し送る側とそれを受け入れ受け取る側双方が、悲劇的な程度まで霊性面でも組織面でも苦しんできたのは事実である。モラトリアム期間を設けてはどうかという提案は、現在の宣教制度の悪弊を標的としている。アジアの諸教会は彼ら自身の「家族用時間帯」を持つことがなかった。どの家族も少なくともたまには（一〇〇年に一度ぐらいは！）、彼ら自身の判断力と機略の才を働かして家事をするために、他人から放っておかれることが必要ではないであろうか。そうでないと彼ら自身の居場所がどこか、彼ら自身に課せられている宣教使命にかかわっている人たちがどういう人たちか、よくわからないままで終わるであろう。それとも、一つの家族は別な家族の「愛情と配慮」を絶えず注がれ、それによって囲まれていなければならないのであろうか。タイのキリスト教会はいわば一つの家族である。クリスチャン・ファミリーとして見れば、すでに一五〇〇年を超える。彼ら自身の「大麦パン五つと二匹の魚」に基づいて、みずからに課せられたキリスト教的責任は何かを考え抜くための時間が必要ではなかろうか。モラトリアムは西欧の教会の「絶えざる愛情と配慮」からしばらくの間解放されたいというアジアの諸教会の願望を表現している。復活の主は「それゆえ往きて、異邦の人々のもとに永遠に留まれ……」（マタイ福音書二八章一九節を参照）とは言わない。西欧とアジア双方の機略の才はいずれも慎重な神学的吟味を受けなければならない。復活するために十字架につけられなければならない、と言いたいのである。オグブ・U・カルは書いている、「アフリカの地で、〈イギリス国教会的エクレシア〉（ecclesia anglicana）を移植する事業は多くの矛盾を抱えている。かかる外国の諸制度や施設が種々現存するアフリカの地において、神の国が何を意味しているかを悟り、キリストの受肉と宣教使命のはらむ実り豊かな生に現地の人々を覚醒させる方法は皆無である。新しい制度を立てるためには古いものは破壊されなければならないのだ」(2)。われわれの宣教活動は、復活するために、十字架につけられなければならないのである。

イエス・キリスト御自身のイメージに戻ろう。ばかでかくて、把手を欠く十字架の重さに耐えるイエスのイメージは、豊かな意味をはらむ宣教学的イメージである。その照明の下で、われわれの日常的なアジア的状況の神学的意味は探究されなければならない。香港在住のアメリカ人ビジネスマンがブリーフケース〔書類入れカバン〕を持ち歩くのと同じように、イエスが十字架を持ち運ぶというイメージは、神学的には不毛、宣教学的には忌わしい限りのイメージである。

われわれはイエスのひげを剃り落とすことはできる。イエスにネクタイを着けさせることはできる。メガネをかけさせ、ソニーのトランジスター・ラジオを手に持たせることはできる。華麗な色彩のダイナーズ・カードすら手に握らせることができる（?!）。だがイエスの十字架に、会社員がブリーフケースを運ぶように容易に十字架を運べる把手をつけるならば、キリスト教信仰は地盤を喪失する。その結果、神学は麻痺状態となり、キリスト教倫理は固有の内的霊感を喪失する。己の十字架を、ブリーフケースを運ぶように運ぶイエスは――究極的にはそれは世界をあたかもブリーフケースのように振り回す神を指し示す――キリスト教信仰に致命的な心臓発作を起こさせるであろう。どれほどそれが精巧を極め……魅惑的で、能率的で、機略の才に富んでいるとしても、このようなイエスの神学は聖書的伝統に啓示されている救済のメッセージと救済の仕方を忠実に反映するものではありえない。聖書における十字架は「把手」を備えてはいない。ここで強調したいのは次のことだ。わたしにとって、ばかでかい十字架の耐え難い重さを背負って運ぶイエス――運び方を彼は知らなかったが、把手なしに運んだことは事実である――こそが今日のアジアが緊急に必要としているキリスト教的真理の理解と解明にとって第一義的なイメージなのである。

ホセア書一一章における神の内的感情の感動深い啓示は、次のような、よく知られた一節を含んでいる。「わたしは憐れみの綱（NEB〔＝ニュー・イングリッシュ・バイブル〕では'leading-strings'〔よちよち歩きの幼児を親が導く紐のこと〕）、愛の帯（NEBでは'bonds of love'〔愛のきずな〕あるいは革製の手綱）で彼らを導き、親のように彼らの顎から頸木を外してやり、かがんで、食べさせてやった」（四節）。言語上の曖昧さにもかかわらず、このイメージの精神はイスラエルの民に身をかがめて（テクノロジーの視座から見て好ましくない姿勢である）食べさせる神の文脈に置かれた憐れみの綱と愛の帯の精神である。神はいわば「把手志向」をもって人間に到来するようなお方ではない。わたしは弁当箱を携えるイメージをこの第一義的イメージの下位に置く。後者は前者よりも神の心と人間の心に近い。神秘的なかかわり方で歴史をしっかり支えているのはイエス・キリストの神である。

第2章 「神の弱さと愚かさ」によって捉えられた精神

十字架につけられた精神は十字架につけられた主イエスから湧き出る神の力を感じておののく精神である。

イエス・キリストは身をかがめつつ、人間的状況を深める。

十字架につけられた精神は病的な精神ではない。


十字架につけられた精神について話すとき、わたしの念頭にあるのは十字架につけられた主イエスである。十字架につけられた主への信仰から離れて、十字架につけられた精神について話すとすれば、わたしはある種の迫害妄想の弁護論をしていることになるであろう。「わたしはイエス・キリストと主が十字架につけられたこと以外のことは知るまいと決心した」(コリントの信徒への第一の手紙二章二節)。「愛されるに値する十字架、そこにわれわれの救いとわれわれの生と復活が秘められている」(アンセルムス)[4]。「『十字架の福音』は多くの意味深い仕方で解釈されうるが、その中心的意義はキリストが敗北を甘受することを通して勝利をかちえたという真理に見出される」（内村鑑三）。十字架につけられた主の力によって生きると決心した精神が十字架につけられた精神である。十字架につけられた主の知恵を通して物事を理解しようと努めることを切に望む精神が十字架につけられた精神である。十字架につけられた主の霊性と心性の影響を通してイエス・キリストについて語る精神、それが十字架につけられた精神である。

コリントの信徒への第一の手紙一章一八―二五節へ読者を案内したい。十字架につけられた精神が顕著に示唆されているのはここである。

十字架の言葉は滅びゆく者たちには愚かであるが、救われるわれらには神の力である。

十字架のメッセージはわれわれに到来して、われわれの霊性と心性を震撼させる。震撼させられる者は神の力を感じないわけにはいかない。このように震撼させられる者こそ十字架につけられた精神である。かくして十字架の精神は、第一義的には、知恵志向的精神ではない。哲学的精神でもなく、宗教的精神ですらない。十字架につけられた主から到来する神の力を感じる、震撼された精神がそれである。

次のように書かれているように、「わたしは知恵ある者の知恵を滅ぼし、賢い者の賢さを無用にする」。賢者はどこにいる。学者はどこにいる。この世の論客はどこだ。神は世の賢明さを愚かしいものにさせたではないか。

なんと強烈な箴言か。神は人間の歴史に現れたすべての賢明さを見境なく滅ぼすつもりであろうか。仏陀、すなわち覚者の賢明さが滅ぼされるというのか。孔子、孟子の賢明さが滅ぼされるというのであろうか。それとも十字架の賢明さを拒否する知恵が滅ぼされるというのであろうか。では世の賢者たちは十字架の賢明さを拒否したのであろうか。いつ人は十字架につけられた主を拒むのであろうか。イエス・キリストは玩具店のできの悪い子供のおもちゃ並みに軽く購入を断られるのであろうか。十字架につけられた精神は、完全に見捨てられたイエス・キリストが人間によってそう軽く見捨てられてはならないと信じている。

世は賢明さを通して神を知ることができなかった。そのことは神の賢明さにかなっている。そこで神はわれわれの宣教の愚かさによって信じる人々を救うのを良しとされたのである。

信じるということは理解すること以上のことである。〔5〕あることを肯定すること以上のことである。「信じます。不信仰なわたしを助けてください」（マルコ福音書九章二四節）。十字架につけられた主を信じ、「主は勝利者なり、人生の意味と希望は主にある」と告白することは、十字架につけられた精神の生命の脈動である。十字架につけられた精神は強靭な霊性を意味する。

十字架につけられた主に強い関心を注ぐあまり、ひどい誤解を招くことがある。「われわれは、ペテン師扱いされているが、誠実な者。世に知られぬ者扱いされているが、よく知られており、死人扱いされているが、御覧の通り生きている。罰せられているようだが、殺されてはいない。悲しんでいるようだが、喜びに満ちており、貧乏人のようだが、多くの人々を富ませ、無一物のようだが、すべてを所有している」（コリントの信徒への第二の手紙六章八―一〇節）。こうした生き方こそ十字架につけられた精神特有のものである。ひどい誤解を招きかねない定めを負って生きる生き方がそれである。使徒的精神が誠実無比な精神であって、ペテン師根性とは無縁なものであるということを証明する方法はない。十字架につけられた精神は使徒的精神から霊感を受けている。十字架につけられた主を信じることによって、すなわちその誠実さを示す「証拠」を十字架につけることによってその力（コリントの信徒への第一の手紙四章二〇節）を証明しようと試みる。

ユダヤ人はしるしを要求し、ギリシア人は知恵を探し求める。しかしわれわれは十字架につけられたキリストを宣べ伝える。ユダヤ人には躓きの石、異邦の民には愚かであるものを。だが、ユダヤ人、ギリシア人の別を問わず、召された者たちにとっては神の力、神の知恵なるキリストである。なぜなら神の愚かさは人間よりも賢く、神の弱さは人間よりも強いからである。〔コリントの信徒への第一の手紙一章二二―二五節〕

十字架につけられた精神は証拠やしるしの類いを求める精神ではない。知恵を探し求める思弁的精神ではない。「しるし」と「知恵」は人間の精神史の枠内に実質的な歴史を持つ。とはいえ、使徒的宣教の文脈において、イエス・キリストは人間に与えられた大いなるしるしであり、知恵である。証拠やしるし、および思弁的知恵は、教会が根拠を置くイエス・キリストの生ける現臨によって影が薄くされる。十字架につけられた主は証拠重視神学と思弁的神学を裁く。その裁き方は安価なものではない、十字架につけられた者として裁く高価なものである。十字架につけられた主が、十字架につけられた者として提示されるならば、「ユダヤ人には躓きの石、異邦の民には愚かであるもの」であり続けるであろう。十字架につけられた主は人間よりも賢い神の愚かさ（！）と、人間よりも強い神の弱さ（！）を露わに示す。なんと途方もなく高価な愚かさか！　なんと途方もない救済力をはらむ弱さか！　このことを常に知り、常に理解しようと努め、常にこのことによって導かれ、こうした「神の愚かさと弱さ」を深く理解しようと絶えず自己訓練することは、十字架につけられた精神にとって秘かな喜びであり、力である。十字架につけられた精神はいわば「神の愚かさと弱さ」によって震撼させられる精神である。

ヨハネ福音書に興味深い物語が記載されている（七章五三節—八章一一節。複数の他の古代の権威者はヨハネ福音書の最後に、もしくはルカ福音書の二一章三八節の後にこの物語を書き加えている）。

人々はそれぞれ家へ帰っていったが、イエスはオリーヴ山に登って行った。早朝、神殿の境内に戻ると、人々が自分のそばに集まって来たので、座って教え始めた。そこへ律法学者やファリサイ派の人々が姦通の現行犯として逮捕された一人の女を連れて来て、真ん中に立たせ、イエスに言った。「先生、この女は姦通の現場で取り抑えられました。モーセはこういう女は石で打ち殺せと命じています。あなたはどう思われますか」。彼らはイエスを試み、訴える理由を見つけようとしてこう言ったのである。イエスはかがみこみ、指で地面に何かを書いた。〔6〕……彼らが問い続けるので、イエスは身を起こして、「ではあなたがたのうち罪を犯したことのない者が、最初に石を投げなさい」と言った。そして再びかがんで何かを書いた。だが彼らはそれを聞くや、まず年長者から、一人また一人と立ち去り、イエスと真ん中に立つ女のみ残された。イエスは身を起こして女に言った。「女よ、彼らはどこにいますか。誰もあなたを罪に定めなかったのですか」。「主よ、一人もおりません」と女は答えた。イエスは言った、「わたしもあなたを罪に定めない。行きなさい。二度と罪を犯さないように」。

これはもう一つ別の「かがみこむ」物語である。この物語は律法学者とファリサイ派の律法主義を批判するよりはるかに大いなることをしている。イエスはモーセを拒否しない。モーセを深めている。イスラエルのいにしえの霊的遺産の深き意図は侵されていない、真の意味で実現されている。こうした意味の深化においてイエスの論拠は明確かつ単純であった。抽象的議論を付加した徴候はみじんもない。イエスはモーセの律法に対して一つの誤解の余地なき意味深化の序説を置いた。事実、モーセは正しかった。彼の律法に従って行こう。しかし十字軍精神（機略の才志向の精神および能率的神学の精神）をもってではなく、十字架につけられた精神（「信じます。不信仰なわたしを助けてください」マルコ福音書九章二四節）をもって従って行こう。「イエスはかがみこみ、指で地面に何かを書いた……」、あたかも大地、すなわち神によって創造された全世界にこうした律法深化の出来事の証人になって欲しいと呼びかけるかのように。「わたしは神の指によって悪霊どもを追い払う……」（ルカ福音書一一章二〇節）。「かがみこんだ」（なんと愚かで弱い姿勢だろうか！）とき、イエスはモーセとイスラエルの霊的伝統の深化の準備をしたのだ。

イエスは学者とファリサイ人を断罪しなかった。彼らの神学的意図の方向性を高めたのだ。しかし彼の深化作業は全く新しい神学的状況を、「サタンが稲妻のように天上から転落する」（ルカ福音書一〇章一八節）のを見うる状況を創造したのである。イエスは壊れた人間的状況に対して神の第一義的意図を啓示した。姦淫という状況の意味を深化させることによって。「あなたがたのうち罪を犯したことのない者が、最初に石を投げなさい……」と。

「イエスは身を起こして女に言った……」。イエスは身を低くした姿勢、つまり「かがみこんだ」位置から彼女に話しかけている。「女よ、彼らはどこにいますか……」。「主よ、一人もおりません」と女は答えた。イエスは、女ではなく、彼自身が変革した状況について彼女が述べた言葉を受け入れた。女はただ目前で生起したことをイエスに述べたにすぎない（！）イエスは女に「わたしもあなたを罪に定めない。行きなさい。二度と罪を犯さないように」と言ったのみ。イエスはすべての「重要な神学的諸問題」を見過ごしたのだ！　彼はなぜ、「わたしもあなたを罪に定めない」と言ったのか。このように言い切る理由を一つも挙げずに。彼は状況のはらむ意味を深めた。深める際、己の自由を行使した。「わたしもあなたを罪に定めない」という宣言は「身をかがめた神学」に由来する。状況の意味を深めるイエスの言葉は女の内面に復活に与る精神を生み出した。女は「甦った」のである。律法学者とファリサイ派の機略の才に富む十字軍的精神が、罪人を十字架につける裁きを体験したのに対して、イエスは意味深化によって醜悪な状況を癒したのであった。「身をかがめた」この人は何という霊的な力を有していたことか！　状況を「操作すること」によってではなく、状況を深化させることによって癒したのだ！　「なぜなら神の愚かさ（！）は人よりも賢く、神の弱さ（！）は人間よりも強いからである」。

したがって十字架につけられた精神は病的な精神ではない。被害妄想的複合心理を病んではいない。バランス感覚を欠いた精神ではない。神を相手に取引をする精神ではない。家父長制的精神ではない。神学的霊感に富む精神である。誠実で注意深い精神である。信仰深い精神である。弱くてしかも強い精神、愚かでしかも賢い精神である。「信じます。不信仰なわたしを助けてください」と告白する精神である。基本的に、「把手を欠く」十字架を背負って歩み、「身をかがめつつ」状況深化の機会を用意したイエス・キリストの精神である。

第3章　運ぶに便利な把手《とって》はついてない

神は歴史に到来したが、歴史を操作することはしない。
イエスの手は開かれても閉じられてもいない痛ましい状態に耐えている。

わたしの理解では、ユダヤ-キリスト教の伝統が人類に貢献している比類ない永続的な霊的洞察は、万物を創造し、維持し、完成する人格的神が歴史を操作することをしないということである。神は（神学的およびテクノロジー的速度で！）歴史を好きなように操るために歴史に把手をつけることはしない。神は歴史に到来する。ただし「操作意図」をもって歴史に到来するのではない。奇妙な表現を用いると、神は深い敬意をもって歴史に到来するのである。神が到来するや、歴史は深部において「土台の震動」を経験する。なぜなら歴史はそれまでこれほど深い配慮をもって取り上げられ、敬意を払われたことはないからである。神の敬意に満ちた接近ゆえに、歴史がこれほど深く洞察され、啓蒙されたことはなかった。「すべての人を照らす真《まこと》の光が世に来た。彼は世にいた。世は、彼を通して創造されたにもかかわらず、彼を知らなかった」（ヨハネ福音書一章九、一〇節）。「世は彼を知らなかった！」。なぜか。神は歴史に到来したが、歴史を操作しなかったがゆえに。ユダヤ‐キリスト教的伝統の最良のものが、この神学的洞察が誕生させた歴史的、霊的エネルギーのうちにある。

わたしは、二つのイメージを用いて、便利な把手なしの神の敬意に満ちた歴史への接近法についいて語りたい。第一に「あなたはどこにいるのか」と問いかける神のイメージについて。第二にイエスの手のイメージについて。

（a）神は言われた、「あなたはどこにいるのか」（創世記三章九節）

神学と宣教使命の視座から見ると、三語からなるこの単純な問いは、人類、イスラエル、および教会の歴史を要約している。そのわけは、この問いが単純で力強い記述法において、神の歴史にかかわる様式、方法、および態度を指し示しているからである。「あなたはどこにいるのか」は、いわば「把手ぬきの」問いであって、「賢い」問いでもなければ、「強力な」問いでもない。それゆえすべての賢い問いに優る「より賢い」問い、すべての「強力な」問いに優る「より強力な」問いである。この「弱い」「愚かな」問いはオリンポス山や富士山の頂上からではなく、十字架の頂点から歴史を要約している。「……わたしが地上から上げられるとき、すべての人を手元に引き寄せよう」（ヨハネ福音書一二章三二節）。人間に差し向けられた神の「あなたはどこにいるのか」は、歴史における人生の意味に接近する起点たる有望な神学的洞察である。

天地の創造者（ビジネスマンがブリーフケースを携えるように人類を手軽に運ぶことをしない神）が人間に「あなたはどこにいるのか」と問うたとき、それが意味したのはどのようなことであろうか。神が「人間の居場所」によって「御自身の居場所」を限定しようと決意したということである。したがって、「あなたはどこにいるのか」という問いは、問う者自身がどのような神であるかを示す自己啓示である。神が三人の人間の名前、アブラハム、イサク、ヤコブに言及する（創世記三章一五節）ことによって自己紹介したとき、神は自分がいかなる神であるかを啓示しただけではない、同時にアブラハム、イサク、ヤコブの居場所をも明らかにしたのである。つまり神が自己紹介したとき、彼らも紹介されたのである！　これこそ救済にほかならない！人間を探し求めるかかる精神は契約関係を求める精神（covenant-seeking mind）、契約に忠実な精神（covenant-steadfast mind）である。「あなたはどこにいるのか」という神の問いは、神がいかなる犠牲を払っても人間と深いかかわりを持つという意志の表現である。いかなる犠牲を払っても？　然り。歴史に対する把手なき接近法が高価な犠牲を伴うのは当然ではなかろうか。歴史への把手なき接近法は非能率でゆっくりで、苦悩を強いることとすらあるのではなかろうか。「脆弱で」「愚かな」接近法ではなかろうか。「把手つきの」と「賢い」という二概念は「形影相伴う」のではなかろうか。「見よ、今日わたしはあなたに諸国民、諸王国に対する権限を委ねる。根こそぎにし、引き裂き、破壊し、打倒し、あるいは建て、植えるために」（エレミヤ書一章一〇節）。しかし以下のことに気づくことが重要である。すなわち、神のかかる荒ぶる意図は「話すすべすら知らぬ」（同六節）若者にすぎないエレミヤを通して世に告知されなければならないのである。一〇節の言葉は把手利用精神の言葉ではない。

わたしは読者に創世記一―一二章を読むよう勧めたい。これらの章はアブラハムの召命までの原初史物語である。神が原初史に「把手ぬき」の手法でかかわり始める過程の略記、以下に提示しようとするのはこれである。原初史物語を研究する過程で気づくのは、重大な罪の突発があり、そのつど神の恩寵が示されて、「把手ぬき神学」が何かを例示する出来事が次々と起こることである。

まず始めに人間の堕落がある。不従順な行為が行われるやいなや、「両人の目が開かれた」。彼らはもはや原初の無垢の状態ではない。事物と自己自身を彼ら流の見方で見始める。彼ら自身の神学を持ち始める。自分の行動に責任がある存在になる。彼らの裸体が象徴していた神との無垢な相互関係（オックスフォード大学刊注釈付き聖書による）が破壊される。そこで彼らはいちじくの葉で前垂れを作る。（繊維産業にはこうした神学的次元がある。繊維産業の製品の、ある種の挑発的利用は、同じ神学的真理を否定的角度から指し示している。）神は彼らに近づき、「あなたがたはどこにいるのか」と問いかける。

神はいちじくの葉の前垂れに替えてもっと上等な毛皮の衣を着せてやった（三章二一節）。人類最初の夫婦は裁きを受けた（三章一四―一九節）が、同時に「助けられ」「敬意を払われ」たのだ。神は知っていた。新たな文明の文脈（エデンの園の文明の外の）に入った人間には、いちじくの葉の前垂れに優る衣装をまとうことが必要だ、と。神は新たな状況に適応できるよう人間を助けた。革製の衣は、自分の裸に気づいた人間に対する途切れることのない神の心遣いの象徴である。人間がみずからの危うさを鋭く意識し始めたとき、自前のいちじくの葉の前垂れは神の用意した革衣に取って代わられたのである。

次いで起きたのはカインによるアベルの殺害である。忌わしい犯罪が行われたあと、神はカインのもとに来て、「あなたの兄弟のアベルはどこにいるか」と問うた。神はとうにカインの居場所とアベルの居場所を知ってはいたが、カインがアベルの居場所を、責任意識をもって答えなければならないと思ったのだ。「アベルはどこにいるか」という問いは、特定の場所を示す答えよりもはるかに重要な答えを求めている。「アベルは元気なのか」を意味する問いである。あなたの兄弟アベルは所属共同体においてシャーローム（もとアッカド語の語根サラーム――すなわち健やかで、無傷の状態を意味する――に由来する語）を享受していますか？と問うているのである。「わたしはわが兄弟の守役《もり》ですか」とカインは答える。神が先ほどの問いを発すると、人間も同じ問いを隣人に向けて言わねばならない。神の「あなたはどこにいるのか」は、連鎖反応のように人間の隣人に対する「あなたはどこにいますか」を生み出さずにはおかない。この連鎖反応はカインによって根底から乱された。カインは自分が置かれた絶望的な状況を完全に意識して神に話しかける。「今日あなたはわたしを地上から追放されました。わたしは御顔から隠されるでありましょう」（四章一四節）。カインは恐るべき危機感を表現している。それは身体的（「地上から追放されました」）かつ神学的（「御顔から隠されるでありましょう」）な危うさである。地上〔原文の直訳・大地の面－おもて、顔〕と神によって遺棄され、カインは地上でもっとも無防備の人となる（四章一四節）。すると主は彼に「そうはさせない！」〔ラーヘン〕と言った（同一五節）。そうはさせない！

レメクの歌が続く。レメクはエノクの子イラド、イラドの子メトシャエルの子である。そしてエノクはカインの子である。カインは一つの町を興し、エノクと名づけた。レメクの妻アダ（もう一人の妻はツィラ）は、やがて酪農家たちの先祖となるヤバルを生んだ。ヤバルの弟ユバルは竪琴や笛を奏でる者すべての先祖となった。ツィラの子、トバル・カインは「青銅や鉄で様々な道具を製作する者」となった。ヤハウィストと呼ばれる旧約聖書の記者たちは文明の起源をカインの系譜に置いている。すべての文明がカインの影響を免れないせいであろうか。以下はレメクの歌である。

レメクは妻たちに言った。アダとツィラよ、わが声を聞け。レメクの妻たちよ、わたしが話すことに耳を傾けよ。わたしは傷を負わせた男を殺した。打撲傷を負わせた若者を殺した。カインのための復讐が七倍だとしたら、レメクのための復讐は七七倍だ。

（四章二三、二四節）

レメクが妻たちのために歌っているのだとしても、これは恋唄ではない。人殺しの歌である。レメクの曾々祖父カインは、少なくとも弟アベルを殺したとき、良心の呵責を経験した。対してレメクは神が自分に許す復讐権は、カインの七倍に対して「七七倍」もあるなどと、神を侮辱するようなことを言う。どうやらレメクの二人の妻は腰を下ろして、のほほんと聞き入っているらしい。とはいえ、レメクは——およびすべてのレメク的文明は——神の裁きの下にある。あの謎めいた「そうはさせない！」の調べを含む裁きの下に。

次いで洪水物語の登場だ。この偉大な物語の導入部は四つの簡潔な陳述からなっている。そしてこの短い序文に、大洪水のメッセージはすでに与えられているのだ。

> 主は世界に悪が増大し、人の心の想像力[7]が常に悪を思い計っていることをご覧になり、地上に人間を創造されたことを悔い（神の愚かさ）、心を痛められた（神の弱さ）。主は言われた、「すべての生き物を一掃しよう……」と。しかしノアは主の目にいとおしい者と映った。（六章五—八節）

世界が「絶えず悪が跳梁する世界」と化したのを見て、神は命あるものすべてを「一掃する」決心をした。しかし最後の短いセンテンスには、カインに向かって言われた「そうはさせない！」の二語（〔ラーヘン〕＝not so）同様、希望と救済を響かせている。洪水物語の中心的メッセージの意味は、命あるものすべての破壊にではなく、「ノアは主の目にいとおしい者と映った」という事実に置かれている。神学的強調点は破壊にではなく、救済に置かれている。物語が全生物の「一掃」を描写しているにもかかわらず、読者の心に刻まれるのは破壊の印象ではなく、箱船に守られて大水に浮遊していたノアと子供たちとすべての動物たちに与えられた約束と未来の印象である！

さて今度は、バベルの塔の物語（一一章一―一九節）の登場である。人々はティグリス、ユーフラテス両河の扇状地にピラミッドさながらの壮大な寺院を建設した（「……半ば宇宙論的、半ば宗教的な象徴物で、七階の構造は天地を結ぶ媒介者としての惑星的神々を象徴していた。塔の上昇線は手柄顔で神々に近づこうとする意志を暗示し、塔の頂点（豊沃なティグリス、ユーフラテス両河の扇状地にある）は天界への入口とみなされていた(3)」）。

「さあ、れんがを作り、しっかり焼こう……」。利用可能なすべてのテクノロジー、とりわけ火力を使う高等なテクノロジーを総動員して、念入りな仕事をしよう。なぜなら、われわれはこの建設計画を通して宇宙世界の中心にわれわれ自身を置き、人類の大志と〔それを達成する〕能力の象徴になろうとしているからだ。とすれば、郵便局、鉄道駅、ホテル、レストラン、ベーカリー、コインランドリーなどを備えた平板な都市を造るくらいで満足せず、非凡な特徴を備えた都市、われわれにとって天国への入口となってくれる宗教的な都市を造ろう。天国を

「手軽に扱える」(handle) すべを心得ていなければ、完全に自由で力強い存在とは言えないから。天国を「手軽に扱える」方法の一つは、平易な技術的接近法を手に入れることだ。それが済めば、天国に「把手」をつけたわけで、われわれは天国を手に入れることができる！ これを達成できないとあれば、これほど多額の投資をする意味がどこにある！ 次は名称づくりだ、われわれの意味深い自己同一性を指す宗教的な名称を考えよう。塔は歴史の中心の象徴である。この中心からわれわれは神と同胞たちに向かって言おう、「君たちはどこにいるのだ」と。かくして、今やわれわれは歴史の中心を指示する言語を話していることになる。歴史に把手を取りつけたわけだから。

物語は突如「バベル」(混乱)で終わる！ 「主は全地の言語を乱した」とあるように。

人類最初の堕落からバベルの塔に至る罪悪の進展の発生に対して、神の審判と恩寵の二相が下った。原初史は審判のみ、あるいは恩寵のみの下に位置づけられてはいなかった。両相の下に置かれていたのである。原初史の神学的状況は「扱い」やすいものではなかった。これまで神の審判と恩寵の下にあった原初史は、突如バベルの塔の物語で終わりを告げる。物語の終わりで神は、「……主なる神はオックスフォード式英語を承認し、混沌と化した言語状況における統一的言語となるよう任命した」とは言わない。「革の衣」「そうはさせない！」および「ノアは主の目にいとおしい者と映った」[4] という恩寵の調べはここには見出せない。「神の恩寵は使い尽くされてしまったのであろうか」。

原初史の叙述は短い。しかし驚異的な鋭敏さと永遠的な時代関連性をもって（with amazing sharpness and eternal relevance）過去と現在の諸民族の歴史を反映している。原初史は、われわれ自身の歴史において神の「あなたはどこにいるのか」という問いに耳を澄ますようにと招いてくれることによって今日われわれが経験する歴史を「神の経験としての歴史」[8]たらしめるがゆえに、まさしく「歴史」と呼ばれるにふさわしい。原初史物語はイスラエルの契約的生の歴史的経験に由来する。聖書的世界において、一個人の歴史性は自己充足的なかつすでに十分に意味深い歴史性ではない。アハズという名の人が歴史に実在したと言うことでおのずから神学的な価値をもつことにはならない。アハズが神の歴史的な問い、「あなたはどこにいるのか」によって呼びかけられたがゆえに、彼の歴史性が神の歴史性と邂逅したがゆえに、彼の歴史性は意味を豊かにはらむ、決定的重要性を帯びるものとなったのである。神の「あなたはどこにいるのか」という問いの歴史性が一個人の歴史性と相交わると、その人は「歴史的」となる、すなわち「神学的な意味で歴史的」となる。

わたしは読者を東南アジアに連れて行きたい。神が歴史を通して働きかける言葉、「あなたはどこにいるのか」を聞こうとわたしが試みたのはその地においてであった。東南アジアにおけるわれわれの生は危機の渦中を通過することである。今日の世界のいずこにおいてもそれは変わらない。時間、家族、言語、および教育のいずれの面においてもわれわれの伝統的経験は根本的に分裂し、混乱している。これらの危機的諸点においてわれわれはシャーローム（ヘブライ語、真の平安〕を喪失している。被害者意識をもっている。

時間は伝統的に、愛情深い母親の乳が彼女の赤ん坊にとってそうであるように、無限に続くものとして経験されていた。時間はふんだんに与えられていた。ポークチョップが売られるようには売られてはいなかった。時間限定の職業上の約束など存在しなかった。時間は循環的だった。つまり落ち着いた、冷静なものだった。基本的に田園的、農業的だった。田畑を耕していくような心地よいリズムで動いていた。共同体的だった。事実、われわれの時間経験の本質は共同体の仲間関係の連続性の意識だと言って間違いない。われわれは決して時間を孤立のうちに経験したことはなかった。共同体から離れて時間は存在しなかった。われわれはノアの箱舟に乗っていたときも共同体として浮遊していたのである。箱舟には共有された時間しか存在しなかったのである。

だが今やこうした時間意識は、われわれとの相談なしに、変更させられた！　今では時間は職業上の達成という視座から理解されねばならなくなった。時間はもはや田畑の中やココヤシの樹林や神殿や寺院の中に見出されるのではなく、輸出入会社、オートバイ製造業者、商店やデパートなどに存在している。今や時間は乱暴につかまれる。かつては公的共同体の所有物だった時間が、今では私的企業の所有物である。かつては共有されていた時間が、今では独占企業の所有物だ。かつて時は癒すものだったが、今は傷つける。

家族！　然り、しかるべき家族の一員であり、一氏族に属していることは生涯における主要価値であった。家族は、安心、連帯感、激励、幸福、および霊性の源泉である。かつて家族は神聖なものであった。しかし今は「金銭」という人間味に欠けた価値の侵入を許している。今日の社会においては金銭関係が人格的関係性に取って代わりつつある。[9] われわれはお金を持ちたいと思う。今よりもっと多くのお金を！　われわれの周囲には魅力的な物がいっぱいある。お金の力でわれわれはそれらを手に入れることができる。今やわれわれはお金に帰属している。お金と呼ばれるこの強力な怪物を制御するすべをわれわれは知らない。水牛にそうしているように鼻輪をつけて抑えるすべを知らない。お金はわれわれの基本的な価値を攻撃する新たな怪物だ。われわれの中にはそれに操られてカインやレメクのような人間になる者たちがいる。

　われわれは母語を話すことを楽しんできた。われわれの言語はすばらしい。母語はわれわれの誇りだ。それを用いて自信に満ちて、詩情豊かに自己表現できるのだから。しかしスリランカが茶を飲む習慣のある英国人の支配者たちの利益のために「紅茶の島」になったように、われわれは支配者たちの言語を習得することを余儀なくされる。われわれはバベルの塔の建設に従事したわけではない。いわばその被害者だった。にもかかわらずわれわれの言語は混乱し始めた。諸帝国はわれわれに様々な贈り物をもたらしたが、同時に混乱と損害をももたらした。一九四五年の日本の敗戦後、われわれ〔東南アジア諸国民〕は独立を達成した。独立は自由を意味していた。しかし一九七五年の今日、われわれ自身の祖国において、われわれは自由ではない。われわれの母語は乱暴にコントロールされている。われわれ自身の指導者たちは鋭利なナイフでわれわれの母語を切り刻むのに大わらわだ。恥知らずにもシンガポールの首相リー・クワン・ユー氏は、大規模なベトナムへの軍事的介入に対して合衆国に東南アジアを代表して感謝を表明した。東南アジア諸国が彼ら自身の経済的発展に集中する時間的ゆとりを与えてくれたからだという理由で。だが今日、万人の目に明らかなのは、〔ベトナム戦争によって〕「貴重な時間」が浪費され、誤用されたという事実である！　すべての国々において貧富の差が拡大し、国民の生活水準は悪化している。搾取と抑圧を強化する上で「好都合な」歳月だった！　われわれが発言するすべてのことが国家の安全を危うくする要素を含まないか調べられた。われわれは言わなければならぬことを言うことができない！

今のようにわれわれ各自の名前のあとに英語の綴りを重ねることは、われわれの伝統に反することである。かつて教育は人格形成だったが、今日、教育は良い職業を得るための手段と化している。良い教育はより多くのお金をもたらすものとなっている。これでは「レメク式教育」ではないか。教育の本来の目的は何か。学位制度の目的は何か。教育とは何か。われわれの判断は混乱している！

これらは今日われわれが経験している歴史的諸状況である。こうした具体的諸状況を生きている者として、われわれは神の御心を知りたい。神の「あなたはどこにいるのか」という問いを知りたい。これらの危機が生起したのは、人類の一部の者たちが歴史を乱暴に「操作した」がゆえである。人間は隣人たちを欺いて彼らに危害を加えることを通してのみ歴史を操作しようる。おそらくこれこそ「楽園の外なる文明」の主な特性であろう。われわれの中にはほかの人たちをしのぐスケールで歴史を「操作する」者たちがいる。とはいえ、こうした歴史を「操作したい」という誘惑を免れている者は一人もいない。われわれは皆互いに相手を「操作しつつ」生きているからだ。この意味でわれわれは楽園失墜者だ。われわれは行動的であり、力強い。しかし堕落している。

わたしは何も、東南アジアが原初史に照らしてのみ神学的に理解されうると示唆しているわけではない。原初史物語は内容豊かな聖書的伝承の一部をなしているにすぎず、わたしはこの部分を単に一例として取り上げている。ここでも、他の箇所と同様に、神は歴史を「操作する」ことをしない神として描かれている。罪が加速する歴史に神は到来する。神の恩寵は罪に比例して増大する（ローマの信徒への手紙五章二〇節）。このことは神の「非操作的」歴史支配を指し示しているのではなかろうか。しかしバベルの塔の場合はどうか。神の恩寵は使い尽くされてしまったのであろうか。

バベルの塔の物語が唐突に終わりを告げるのは、いわば爆発的な神学的沈黙というべきものである。それは原初史物語の終わりと新たな歴史の開始――アブラハムの召し出し（創世記一二章一―三節）――が用意される瞬間である。堕落物語からバベルの塔に至る原初史は、祝福史を開始するアブラハムの出現で終わる。「……そしてあなたによって地上のすべての氏族は祝福されるであろう」。アブラハムは彼自身の利益になるように召し出されたのではない。その召し出しは「国際的規模の」召し出しである。諸国が祝福されんがために彼が召し出されたとき、同時にすべての国々が神によって召し出されたのである。みずからの存在を通して神の「あなたはどこにいるのか」という問いを地上の国々に向かって轟かせる神学的人間こそアブラハムその人である。それゆえ、彼は諸国民の父祖となったのである（同一七章五節）。

アブラハムは神の「あなたはどこにいるのか」という問いを歴史化し、人格化している。このことはきわめて「歴史的な」仕方で、すなわち土地と子孫授与の約束を通してなされた。なんと具体的で、経験論的で、かつ実際的な約束であることか！　土地と子孫を欲しがらない人は一人もいまい。マレーシア人もフィリピン人も土地と子孫を欲しがる。日本人も同様だ。土地と子孫は祝福の具体的連続性を象徴している。しかしこの実際的祝福はアブラハムがあらゆる人間的可能性に逆らってあえて神〔の約束を〕信じたときにのみ実現した。アブラハムは、神、土地、および子孫を操れる「把手なしに」神の真実性を信じた。アブラハムが著しく歴史的存在であるのは、彼の生涯が神の「愚かで弱い言葉」によって語りかけられた生涯であったがゆえである。サラは笑わなかったであろうか。「イサク」という名はどういう意味をもっているか。アブラハムの旅はメソポタミアからカナンに至る長旅だった。彼の旅自体は華々しいものでもなく、特に歴史的意義をもつものでもない。一九三四―三六年にかけて行われた毛沢東の六千マイル近い長征のほうがはるかに劇的で、波瀾万丈である。アブラハムの「長征」はそれがはらむ神学的メッセージゆえに意味深いにすぎない。住む土地が与えられ、子孫が祝福されるという神の約束と結ばれているこの人の生涯を通して、神の「あなたはどこにいるのか」という問いは諸国民に届くことになる。アブラハムが「あなたはどこにいるのか」という神の問いの歴史的連続性を意味している限り、彼はわれわれの歴史解釈における神学的に意味深い範例であり続ける。すなわち「ヨーロッパはエジプトであり、アメリカは約束の地だ（!）」というわけである。はたして神の「あなたはどこにいるのか」という問いはヨーロッパからアメリカへの移民を通して諸国民に届いたのであろうか。

個人的生か集団的生かの別を問わず、われわれの歴史的な人生経験に残されたあの神の問い、「あなたはどこにいるのか」（人間を探し求める神）を跡づけ、われわれの歴史に対する神の（「敬意に満ちた」「恣意的操作を拒む」）態度を洞察することこそ、十字架につけられた精神としての神学的精神のなすべき業にほかならない。

（b）開かれても閉じられてもいない手——仏陀、レーニン、およびイエス

読者諸氏は、ある歴史的文脈から他の文脈へすぐ注意を移行できる柔軟なキリスト教的精神の持主であると思う。思うにこうした素早い注意の移動が可能なのは、神のあの問いが多様な文化、歴史、および経験の文脈に統一性と連続性とを添えているからである。

京都には（七世紀の後半と八世紀に挟まれた）白鳳時代に銅で造られた一つの荘厳な仏像がある。国宝であるこの仏像は平安と混乱とがめまぐるしく交替する十何世紀間を通して日本国

仏陀の手

レーニンの手

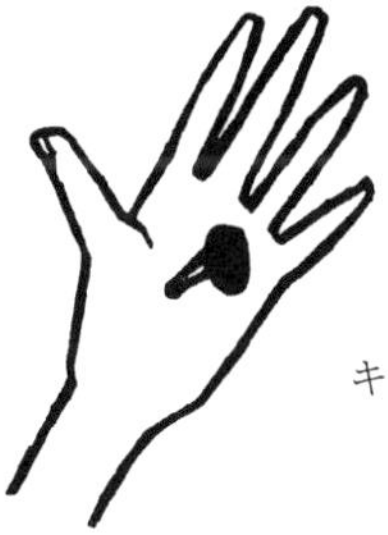

キリストの手

民に語りかけてきた。感銘深いメッセージを担うのはその手である。指と指の間にアヒルの水かきのような網が張られている。網で結ばれた指たちはインドの宗教的、哲学的伝統に由来している。それは三二ある仏陀の身体的特徴の一つである。日本国民はこの網状のものを、万人をことごとく救済に摂取せんとする仏陀の意図であると理解してきた。それゆえ救い取る指と指の間から一人も暗黒の世界に漏れ落ちることがないのだ！と。魅力的で慈悲深く、確信に満ち、均整のとれた両手は神的救済の動く象徴である。それらは人間を拒否しない。否、彼らを探し求めている。人々を救済へと招いている。この仏像ゆえにわたしは神に感謝する。善意と慈悲に満ちた両の手によって救済を求めずにいられない人間の渇望の深さと広さを表現しているからだ。

白鳳時代の仏像の両手は美しい曲線を描いて穏やかに開かれている。目的意識に貫かれた開けである。苦痛や苦悶の感情は見られない。「宗教的」印象が強い。宗教は慈悲に根差す「一切摂取不捨」の深遠な意識を指し示すはずのものだから。事実、対象を選択する慈悲は宗教的経験の土台とはなりえない。「非差別的」慈悲に遭遇するや、人（の自我）は白旗を掲げ、宗教的生が始まる。神学が区別（「羊と山羊」マタイ福音書二五章三二節、「律法と恩寵」ローマの信徒への手紙三章二一節、「救済と審判」ヨハネ福音書三章一七節等々）なしには生きられないのは真実である。しかし神学は神の憐れみが非差別的に及ぶ次元をも知っていなければならない。時折、神学は際限ない精緻な区別、線引き、差別化についての議論（例えば宗派派生擁護論！など）を始め、「愚か」で「弱い」神の憐れみを伝達するには「賢明過ぎ」「強過ぎる」弊に陥ることがある。未だ非差別の深みに達していない憐れみは罪深い人間を救済しうるほど憐れみ深くはないのではなかろうか。「……神は万人を憐れむためにすべての人を不従順に閉じ込めたのである」（ローマの信徒への手紙一一章三二節）、「……なぜなら神は悪人にも善人にも等しく太陽を昇らせ、義人、不義の人の別なく雨を降らせるからである」（マタイ福音書五章四五節）。

数年前わたしは、レーニン廟に詣でる、ゆっくりとしっかりと歩を進める人々の三・五キロメートルの行列に連なっていたことがある。至聖所のガラス製棺内に納められたレーニンの亡《なき》骸《がら》を見詰めていて気づいたのは、片手が決意の象徴たる握りこぶしであることであった。「彼は死後も気を緩めてはいない」と独り言をつぶやいたのをわたしは覚えている。彼は一九二四年に亡くなった。以後ソ連邦は未曽有の発展を遂げた。世界の二大超大国の一つとなった。おそらく国父もくつろいでしかるべき時が来た。にもかかわらずくつろいではいない。彼の握りこぶしはイデオロギー的正統性と献身を象徴している。イデオロギーというものは「閉じられて」いなければ実際、力強さを発揮できない。開かれたイデオロギーは脆弱なイデオロギーである。手が閉じられて握りこぶしをなしている状態は究極的真理の把握とその真理を実施する強固な意志を象徴する。レーニンは仏陀の手を持ちえない。それでは〔解放の〕メッセージの中核に混乱と行動麻痺が生じるであろう。仏陀は誰であれ罪深い人間に「等しく」語りかける。対してレーニンはブルジョアジーを退け、プロレタリアートにのみ語りかける。

真理はただ「開かれて」いるだけではすまない、とわたしは明確に理解しているわけではないが、感得はしている。真理は、自己定義する際、「閉じる」運動をする。人生が必然的に真理開示の瞬間と言われる死への歩みにほかならないように。真理はみずからのリアリティを他のもろもろの可能性に対して境界づける。真理はみずからのうちに排除し、「自己閉鎖する」力を秘めている。真理あるいは真実を意味するヘブライ語エーメット（旧約聖書において一三二回使用されている）の語源は、「ぐらつかない、確固としている、不動の」を意味する語に由来する。わが子らに対してわたしは父である。この真理性は「確固としている」。他の男たちがわが子らの父だと自称する可能性を排除するゆえに。メルボルン市のニューマン・カレッジのチャペルの側壁に、十字架上のイエスのブロンズ像がはめ込まれている。ちょうど食糧品店街への近道に位置しているので、毎日それを眺めるのが習わしとなった。イエスの手の掌《たなごころ》に釘がむごたらしく刺さっている。体の全重量が痛々しくそれらの釘にかかっている。イエスは死に際の苦悶に喘いでいる。イエスは手に水かきのついた魅力的で慈悲深い日本の仏像とは似ても似つかないし、また自分の政治的思想への確信を誇示しているかのような握りこぶしのレーニンの遺体とも似ていない。その姿は無防御さながら、打ちのめされた敗北者、「弱さゆえに十字架につけられ……」（コリントの信徒への第二の手紙一三章四節）ている。その手は開かれてもいず、閉じられてもいない。おそらく彼は死ぬまで手を開いたままでも、閉じたままでもいたくなかったであろう。わたしにはわからない。「父よ、かなうことならこの杯を取り去ってください。しかしわたしの望むようにではなく、御心のままになさってください」（マタイ福音書二六章三九節）。われわれの耳に届くのはこれだけ。あの釘は本当に彼の手の掌を刺し貫いたのであろうか。わたしにはわからない。象徴的言語を語るのみ。彼の手が開かれてもいず、閉じられてもいないのをわたしは「見た」と。その手が固く閉じられているとすれば、神学はイデオロギーに頽落しかねない。イデオロギーが本質的に悪しきものであると示唆しているわけではない。世には善きイデオロギーもあれば悪しきイデオロギーもある。われわれのうち誰ひとりイデオロギーかぶれを免れている者はいない。さしあたりここでのわたしの関心事は、神学とイデオロギーとを分かつ一線が存在するということである。神学は「開かれても閉じられてもいない」。「わたしに躓かない者は幸いである」（マタイ福音書一一章六節）。もしもイエスの手が開かれているとすれば——象徴的水かきをつけたままはっきりと開かれているならば——神学は「躓きの石」という性質を免れうるであろう。十字架につけられたイエスのブロンズ像について思いめぐらすうちに、次第に洞察できるようになったことは何か。福音書が語る救済の真理が開かれても閉じられてもいない手、すなわち十字架につけられた手を通して語られているということである。神はもっぱらエーメット〔真実〕であるのではない。ヘセド（恩寵、慈愛）でもある（出エジプト記三四章五—七節）。神は固有のヘセドにおいてエーメットである。これこそ神学的な意味における驚異的な交差（十字架）ではなかろうか。イエスは開かれることも閉じられることもない手で十字架を負って歩んだのである。

この十字架につけられた手を、水かきのついた仏陀の手に、また固く握られたレーニンの手に組織神学的にかかわらせるにはどうしたらよいか、わたしにはわからない。あらゆる形式の手——すなわち歓迎する手、拒否する手、希望する手、絶望する手、決意する手、愛する手、理解する手等々——はすべて十字架につけられた手にかかわらせなければならない。なぜなら十字架につけられた手は開くことも閉じることもできぬ痛ましい状態に置かれているからである。十字架につけられた手は究極的な愛とわれわれの歴史への敬意を含意した手である。それは神の側からの招きの手である。開かれることも閉じられることもない、十字架につけられた手について黙想する精神は、十字架につけられた精神にほかならない。十字架につけられた精神は様々な形式の手と、それらの手の、十字架につけられた精神とのかかわりについて明敏な理解を示す。

十字架につけられた精神は、苦痛に満ちたこの異様な手のうちに爆発的な霊的エネルギーが秘められていることを認識する。イエスの手は固有の弱さと愚かさのままで、〔創意を詰め込んだ〕あの「弁当箱」の集合よりもはるかに豊かな創意の宝庫となる。十字架につけられた精神は、「弁当箱」に詰め込まれた肯定的エネルギーを、十字架につけられた主の方向に導く。イエスの手は「あなたはどこにいるのか」と問う神の手である。

十字架につけられた精神はパウロと共に、次のように告白する。「神は真実な方であるがゆえに、わたしたちがあなたがたに伝えた言葉は然りであると同時に否でもあるような曖昧なものではない。なぜならわたしたち、わたしとシルワノとテモテが、あなたがたの間で宣べ伝えた神の子イエス・キリストは、然りであると同時に否でもあるというような方ではなく、この方において然りが成就されたからです。なぜならあらゆる神の約束はこの方において然りであるからです」（コリントの信徒への第二の手紙一章一八―二〇節）。この然りは十字架につけられた主イエスから到来する然りである。これは並の然りではない。われわれが十字架につけられた手、開かれても閉じられてもいないあの手を凝視するとき聞こえてくる異様な然りである。

第4章　眉が剃り落とされた顔

一九五六年、タイの国王は宮廷僧院に入るに際して頭髪と眉毛を剃り落とした。自己否定は宗教的行《ぎょう》である。

「わたしはイエスのしるしを身に帯びている」

宗教の形は天にも届くような塔の形だけではない。わが子イサクを献げるアブラハムの形でもある。

わたしは読者を数年前にわが身にふりかかった出来事に案内したい。シンガポールはほぼ赤道上に位置しているので、雨が降ると湿度の上昇とともに空気はすぐ蒸気になる。そんな雨天の午後、わたしは小型のマイカーにスリランカの僧を乗せて走らせていた。市街は例によって交通渋滞で、濃い煙霧が耐え難かった。たまたま「キリストを目指す十字軍」と大書された教会用ポスターを読んでいた僧はわたしの方を振り向いて囁いた。「あなたがたの信じているキリストはきっとやぶれかぶれの人でしょう。信者たちが自分のために十字軍を組織することを必要としているのですから。あなたがたキリスト教徒はなぜキリストのためにキャンペーンをするのですか。キャンペーンなんて政治的運動の一種であって宗教的活動ではまったくありません」。二、三分沈黙したあと、彼は続けた。「自己否定こそ宗教的行《ぎょう》です。キリスト教徒はなぜみずからの救い主を安っぽく扱い、辱めるのですか」。

彼はオレンジ色の僧衣をまとっていた。ゴム製のサンダル（新品だとシンガポール・ドルで一足四ドル）を履き、空の布地の衣装入れを肩にかけていた。わたしにとって僧の姿はここ数年来見慣れた存在だった。しかし、蒸し暑いシンガポールの午後にあの囁きを耳にした瞬間、隣席の僧侶はわたしにとって見慣れぬ存在と化した。彼は突然、わたしにとって謎めいた意味とメッセージで満たされた人となったかのようだ。わたしはギョッとした目で僧を見つめた。わたしは彼のうちに連綿と続く仏教的無我の精神史の化身を見た。仏陀のまねびそのものを！　この人は現代のシンガポールに生きている。すなわち、われわれの所有物がわれわれの人間性よりも強い決定力を有しており、われわれの食べる物が体が必要としている食物よりも重要であるというヒステリックな信念に忠実であるかのように、続々と生まれるショッピング・センターと止むことなき無数の広告の奏でる音響の都市、シンガポールに。そこでは無我という言葉自体がとうの昔に愚劣な美徳として廃棄されている。それゆえ、この僧侶はいわばシンガポールの真昼間に無我のしるしとして生きているというわけである。

彼はダットサン1100を所有してはいない。住む家もない。妻もいないし、子供もいない。保険に入ってもいないし、年金も受けてはいない。ミッション・ボード（宣教団体）が支給する給与で暮らしてもいない。ズボンも持たず、靴もはいていない（つまりはだしだ）。身にまとう僧衣にはボタン一つ付いていない。というよりボタン無用の装いだ。キーは一つも携えていない。キー無用の世界に生きている。彼はいわば生ける「無防備都市」だ。無防備人間だ。その上、なんと、彼は髪も眉毛も剃り落としている！（タイ国王陛下、プミポン・アドゥンヤデートは一九五六年、王立僧院にお籠りする際、頭髪と眉毛を剃り落とした。）陛下は微妙に自己表現する眉毛の動きの美しさを自粛されたのである！　巨万の富を蓄えたヘレナ・ルビンシュタインの化粧品会社（およびマックス・ファクター、ドロスィー・グレイ、レヴロン、エリザベス・アーデン、資生堂その他の化粧品会社）も眉毛の魅力は大いに強調してしかるべきだと示唆しているではないか。今日のわれわれの文明は象徴論的視点から眉毛の価値を過度に強調する文明と呼ばれてもおかしくないのでは？　タイの国王はわれわれの文明の精神に叛旗を翻している。彼は無我の行者である。つまり商業的、産業的、科学技術的、ファースト・ナショナル・シティーバンク的世界の只中に立つ禁欲主義者である。

伏し目がちにして、街をぶらつかず、
五感を見張りし、思考を監視し、
爛れもやけどもしない心構えで、
サイのように一人寂しく行く。

家長の華美な衣装一式を捨てよ、
サンゴ樹が秋に枯葉を落とすように。
黄色い僧衣をまとって進もう、
サイのように一人寂しく。

「自己否定こそ宗教的行です」とわが友は言った。多様で長期間にわたる人間の宗教的経験史のすべてがたとえ近似的にも無我の概念の下に包摂されうるとは思わない。人間の宗教性はそんな単純な研究法によってはとうてい解明しえない主題である。宗教性は人間の聖なるものとの遭遇経験の文化的表現である。かような経験が死に絶えることは決してなく、あらゆる方向に現れる。宗教的状況はそれゆえ多義的であり、統制されえない。「無我すなわち自己否定こそ宗教的行である」、これは宗教の定義ではない。宗教的人間が宗教について告白する言葉である。この告白を聞いてわたしは感動する。聞く以前よりもいっそう具体的にかつ洞察的に宗教的人間を見るようになった。無我の実践が歴史上に現れた複数の大宗教の根本的な宗教的経験の一つであることは確かである。無我の行の有無が宗教的な教えに霊感を汲む生を評価する際の基本的基準の一つでなければならないとさえ言いたいくらいだ。中心的な宗教的経験を構成しているのは、人間集団の組織や権威的制度でもなければ、礼拝の慣習やいかめしい教義

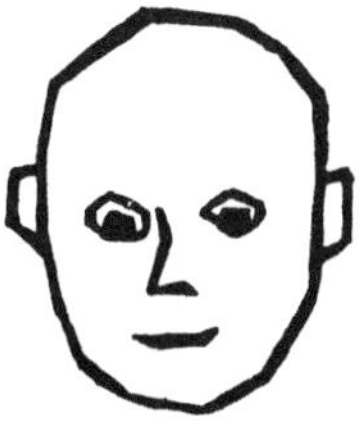

眉を剃り落とした顔

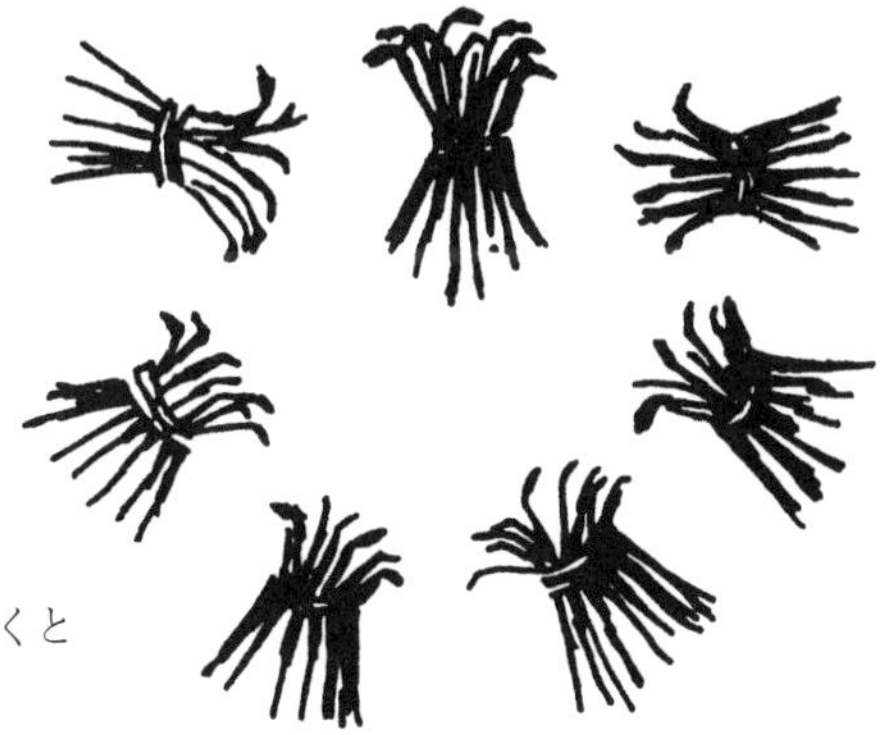

わたしの麦束だけが中心にすっくと立ったと誇る宣教神学

学的文書や正当な神性概念でもなければ、カルト的氏族やカルト的共同体でもない。ここに列記したすべての「宗教的思想と行為」が真に宗教的な経験になるのは、自己否定的精神に基づいている場合に限られる。「誰であれわたしについて来たい者は、自分を捨て……」（マタイ福音書一六章二六節）とあるように。宗教的精神は自己否定の精神である。宗教的行為は克己の行為（たとえば眉毛を剃り落とすという象徴行為！）である。無数の人々の魂を感動させて彼が身をもって示したニルヴァーナと呼ばれる最高善に至る道を歩む決心をさせたのは、二九歳のシッダールタ・ゴータマ[10]の克己の行為だった。仏教徒にとって克己すなわち捨身の物語は悟りの物語と不可分である。前記の僧侶のこの告白はわたしの神学的生涯にとって意味深いものであった。「誰であれわたしについて来たい者は、自分を捨て、〔自分の十字架を背負って〕（〔タイ仏教の場合は〕自分の眉毛を剃り落として）わたしに従いなさい」は、したがって、強烈な宗教的召命にほかならなかった。

このように自己否定を強調的に取り上げることを、読者よ、あなたは好まないかもしれない。こうした示唆が今日では流行遅れであることをわたしは知っている。自己否定の強調が悲観論的な僧院的心性と敗北主義的心理に導くことをあなたは案じておられる。それは大いにありうることだ。しかしヒンズー教、仏教、儒教、ユダヤ教、キリスト教、およびイスラム教のような偉大な宗教の生ける伝統のはらむ深遠なメッセージにおける自己否定は、われわれをそうした方向に導くことはなかった。これらの伝統において説かれてきた真正な自己否定は爆発的な霊的エネルギーを蓄えているのである。

仏教のすべての宗派が霊的および知的に深く傾倒してきた中心的理念は、知恵と憐れみとが不可分な統一体をなしているという思想である。仏教的な知恵は西欧が定義するような「哲学」ではない。「道」である。この道を歩むことは慈悲の行の実践によって伴われなければならない。知恵と憐れみは不可分である。自己否定はこの両要素の統一体に根を下ろす。この統一体は必然的に無我の行として表現される。無我を目指すよう促す動機は仏教的な生き方の中心に見出される。要するに、もし人が知恵と慈悲に献身しているならば、その生き方はいずれにせよ無我の次元を具体的に指し示す。ヨアヒム・バッハは次のように書いている。

献身的礼拝と同胞への奉仕は宗教的経験の普遍妥当的表現である。われわれの現代西欧文明において神礼拝と同胞への配慮が分離し相対立しうる状態は、慣例というよりはむしろ例外である。もしわれわれが極端な禁欲主義という粗野な因習を過去へ脱ぎ捨てたことを誇りうるとすれば、われわれ現代人のかくも多数が、それを実行する気にとうていなれないという理由で、同時に自己否定のあらゆるすべての行為を放棄したことを喜ぶことは理屈に合わない(5)。

知恵(神礼拝)と憐れみ(兄弟愛)の分離は西欧文明では例外的なことである。両者は結合して一体となったが、仏教の伝統と西欧文明の伝統との間に奇妙な差異が生じた。前者では知恵と憐れみの統一は自己否定の理想追求に拍車をかけたが、後者では自己否定すべき動機が見出せず、「自己否定のあらゆるすべての行為を放棄し」てしまった。西欧文明はキリスト教的価値観と信仰の直接的体現ではない。とはいえ、歴史的に西欧文明が他のいかなる文明よりもキリスト教の教えにはるかに近い位置にいたことは否定できない。キリストは自己否定を真剣に引き受けた。福音全体はイエス・キリストの自己否定から輝き出た。「なぜなら人の子は仕えられるためではなく仕えるために、多くの人質の身代金として己の命を与えるために来た」(マルコ福音書一〇章四五節)。この一節において、他の多くの節におけると同様に、自己否定は知恵と憐れみの一致に根差している。西欧文明はどの歴史的時点で自己否定の宗教的および社会的価値の原初のキリスト教的霊感を聞こえなくさせたのであろうか。その間、ガンディーは身をもって実行した自己否定行為ゆえにタゴールによって「偉大な魂の人」〔マハトマ〕ガンディーと呼ばれた。アジアにおけるもっとも鮮烈な宗教的イメージの一つは、依然として、簡素な腰帯を着け、はだしで村道を歩くガンディーの姿である。他の人々のために、すなわち真理のために克己することが、宗教的人間の栄光の内的秘密である。電気が生ける現実となるのは〔例えば〕電車を走らせるときである。宗教が生ける現実となるのは、宗教が人の生涯と精神において自己否定〔無我〕を創造するときである。

宗教的人間が他者を招いて自分の宗教を信奉させようとするならば、みずからの信仰と自己同一性の真実性をほかならぬ自己否定の行為によって確証しなければならない。北米先住民の村の男性は、精管切除による断種手術を受けた男性が出産制限による家族計画を行うよう勧告すると、受け入れるという。手術痕が彼の勧告の信頼性を裏づけるのだ。「わたしはわが身にイエスのしるし〔奴隷に刻印される烙印〕を帯びている」〔ガラテヤの信徒への手紙六章一七節〕。この烙印〔スティグマ〕はパウロの〔使徒たる〕自己同一性の中核であり、パウロの福音メッセージの真実性を裏づける。「イエス・キリストの奴隷たるパウロ……」〔ローマの信徒への手紙一章一節〕とあるように。自己否定のしるしは福音宣教者であることの基本的証明である。宗教的献身性は烙印のしるしを通してのみ伝達されうるのである。*-ism* という英語の接尾辞は良い意味だけではなく悪い意味をも暗示することがある。この接尾辞がHinduism（ヒンズー教）, Buddhism（仏教）, Judaism（ユダヤ教）等々のような語を作ると、これらの「宗教的体系」が相互に区別できるよう一つ一つきちんと包括されていて、合理的言説の対象であるかのような強い印象を与える。宗教的生の歴史的実相は *-ism* という接尾辞で括られうるようなものよりもはるかに想像性と創造力に富むものであった。おそらくヒンズー教（Hindu-*ism*）や仏教（Buddh-*ism*）よりもヒンズー的烙印（Hindu-*stigma*）や仏教的烙印（Buddha-*stigma*）というほうがもっと適切に宗教的現象の生けるリアリティを捉えているであろう。*ism* は *stigma* のしるしなしでも伝達されうる。しかし宗教はそれなしでは伝達されえない。烙印のしるしを欠く宗教は真の意味でもはや宗教ではない。「宗教会社」にすぎない。アジアの友人たちに彼らの信仰を仏教からキリスト教に変更するよう説く宣教師たちの姿に困惑させられることが少なくない（気をつけなければいけないのは、改宗を迫ることは「とんでもない要求」だということである。タイでは通常、改宗するには己の自己同一性を放棄しなければならない。家族を養う職すら失わなければならないことも珍しくないのだ）。宣教師自身、日頃みずからの依拠する厳格な神学的立場や教派的身分証明をみじんも変えようとは思っていないであろう。人々はそこにイエス・キリストの烙印を見ない。

中央セレベス、すなわちトラジャ人の住む熱帯山地（最寄の空港都市マカッサルからバスで一三時間の所にある）にならう、ハイデルベルク信仰問答とベルギー信仰告白を完備したアムステルダム版キリスト教が見出される。（ところで読者はベルギー信仰告白を御存知であろうか。）ルターの大教理問答は疑いなくキリスト教神学史および牧会学史における大記念碑である。わたしはその地に大教理問答を見出して失望したわけではないが、正直それがかくも計り知れぬ霊的および文化的な豊かさに富む地域において、手つかずで、原形を留めたまま用いられてきたのはなぜか、どういう経過を辿ってそうなったのかと自問して戸惑ったのである。それを環境に適合させる必要はなかったのか、少なくとも表現を根本的に変更する必要はなかったのか、と。ハイデルベルク信仰問答ではなくトラジャベルク信仰問答が、ルターの教理問答ではなくバタク教理問答があるべきではないのか、と。

自己否定の生に由来する洞察はわれわれの神学的、牧会学的営為においてさわやかな興奮を与えてくれるであろう。自己否定は「キリストの形姿」を指し示すがゆえに（ガラテヤの信徒への手紙四章一九節）。セレベスにおけるアムステルダム版キリスト教は「キリストの形姿」を反映してはいない。自己否定の洞察を決定的に欠いているがゆえに。地域住民の憧憬と失意に根差さぬ神学は非歴史的（仮現説的）神学である。キリスト教信仰は歴史に根差していない、つまりは歴史に無関心な信仰だという印象を彼らに与える。

わたしがタイ国チェンマイのタイ神学校で教えていたとき、「愚鈍」と呼びたくなるような一人の学生がいた。ある日わたしは *Interpreter's Dictionary of the Bible*（『解釈者のための聖書辞典』）掲載の諸論文の一つを二ページに要約するという宿題を彼に課した。彼は懸命に努力した。英語‐タイ語辞書を両手で握りしめている彼を見たことがある。目を真っ赤にして、必死で宿題（と蚊）と格闘していた。しかし彼が提出した要約文は非常に混乱したものだったので、わたしは数語から成るコメントを添えて彼を落とした。後日、彼と一緒に伝道旅行に出たことがある。今度は立場が逆になった。彼が教授になり、わたしは目を赤くした学生になった。物の見つけ方や、井戸水でするシャワー法や、蚊のよけ方などを彼はわたしに教えてくれた。彼は同胞に働きかけるすべをすっかり心得ていた。その点できわめて創造的だった。「神学的」ジョークを飛ばすことすらできた！　彼に神学的黙想を課したことがある。彼が何とかそれを砕けたタイ語に翻訳してくれたおかげで、タイの人たちはわたしが話したことよりはるかに多くのことを聞けた。例の『辞典』に関する問題では落第点だったが、同胞対処問題ではすばらしい及第点をとった。事実上、優等に近い点数（cum laude）を。彼はなんと自在だったことか！　あたかも丈高いココナッツの木の梢を超えて広がる青空を飛翔する小鳥のように。彼は同胞を愛していた。彼らの身の上を案じていた。よく彼らを訪ねた。夜中の二時にベッドから跳び起きて、病人を病院に連れて行ったこともある。ポケット・マネーからタクシー代まで払ってやった。ミッション・ボードや教会事務局に費用を請求することはなかった。しかし彼の学業成績はひどく悪かった。神学校側が彼に合わせるべきだったのか。それとも彼が（伝統的な西欧式カリキュラムを採用する）神学校に合わすべきだったのであろうか。彼の同胞タイ人は彼のうちにイエスの烙印を見ていた。実はわれわれの神学教育がイエスの烙印に合わせるべきであった、その逆ではない。神学における学力優秀とは何であろうか。

旧約聖書をヘブライ語原文で読める神学生はインドネシア語訳でしか読めない神学生よりは学力が優れている。『解釈者のための聖書辞典』をさして苦もなく読めて原典読解に役立てることができる神学生は前述のタイの神学生よりも学力優秀である。それはそれで意味があると思う。学力優秀とはいわば特定の技能と道具を使いこなせる能力を指す。とはいえ、学力優秀そのものを〔専門領域の目的から〕切り離して評価してはならない。その価値は人に仕える優秀さという視点から引き出されなければならない。「人に仕える」――これこそが学力優秀が評価されるべき基本的文脈である。なぜなら学力優秀が固有の人間的価値を発揮しうるのは、ほかでもないこの点だからである。学力優秀は人間としての優秀さの一部である。人間としての優秀さは「キリストの形姿」のうちに隠されている。学力優秀はイエス・キリストの烙印を受容しなければならない。

イエス・キリストの烙印（*stigma*）！　このテーマについてもうしばらく論じさせて頂きたい。ガンディーの『自伝――真理の力を証明せんとするわが試み』（Gandhi, *An Autobiography, The Story of My Experiments with Truth*）の一節を引用しよう。ガンディーとコウッ氏との出会いの記録である。

彼はわたしの首にトゥラシ数珠玉で編まれたヴィシュヌ信仰[11]特有のネックレスが巻かれているのに目をとめた。彼はそれを迷信とみなし、心を痛めた。「そんな迷信はあなたらしくありませんよ。外しなさい。わたしが砕きますから」と言うので、わたしは答えた。「お断りします。これは母からの神聖な贈り物です」。「でもそんな効能を信じてはいらっしゃらないでしょう」。「神秘的な御利益《ごりやく》については知りません。これを身につけていないと祟《たた》りがあるとも思っていません。でも、つけるべき十分な理由がなくても、母が愛情から、そしてこれが息子を幸せに導くという信念から首に巻いてくれたネックレスをわたしは捨てるわけにはいかないのです。長い年月が経つうちにすり減って自然に砕けるかもしれません。そうなっても新品を買い求める気にはならないでしょう。しかしこのネックレスは砕けるわけがありませんよ」。コウツ氏はわたしの奉じる宗教に好意をもっていなかったので、わたしの論拠を認めることができなかった。彼はわたしを無知の深淵から救い出そうと躍起になっていたのである[6]。

コウツ氏は真摯な人だと思う。われわれの大多数と違って、彼はイエス・キリストへの自分の信仰について真摯であり、よって立つ神学的論拠は明確であり、堅固だ。生ぬるい信仰態度（黙示録三章一六節）ではないコウツ氏は立派だと思う。「……〔そのネックレスを〕外しなさい。わたしが砕きますから」という言葉は、有無を言わせぬ率直な申し出ではなかろうか。然り、彼は機転が利く。いわば「高蛋白質の詰まった弁当箱」を携えている。しかし彼の機転の才は十字架につけられた精神によって訓練され、指導されてはいない。その意味で彼の機転の才は危険だ。譬えて言えば機関士のいない強力な汽車だ。彼は「母が愛情から、息子の首に巻いてくれた」ガンディーのネックレスに手を掛けようとした。なるほど機転は利くが、表面的で相手の心に届かない。いわゆる「迷信」批判論の一歩先に進めない。あのネックレスに結晶しているガンディーの母の愛のまばゆい現臨が見えてない。彼の憂慮は、ガンディー自身よりも首に巻いたネックレスの魔術的効果のほうに向けられている。ガンディーがネックレスに愛を見ているのに対して、コウツ氏は迷信を見ているのだ！

　コウツ氏はあのヨセフの夢の伝統に立っている。「いいですか、わたしたちが畑で稲の束を結《ゆ》わいていると、いきなりわたしの束が身を起こしてすっくと立ったのです。するとどうでしょう、兄さんたちの束がわたしを囲んでわたしの束に向かってひれ伏したではありませんか」（創世記三七章七節）。自己否定性とはなんと程遠い夢か。なんと自己拡張欲の露わな夢だろうか！　こんな夢を土台にして他者の徳を高めるような健やかな宣教学を構築しえようとはとうてい思えない。「わたしの束が身を起こしてすっくと立った」宣教学が、教皇ニコラウス五世からエンリケ航海王子に宛てた勅書に明確に宣言された。この教皇大勅書（一四五四年）は以後数世紀にわたって何百万人ものアジア人の生命に、広範囲に及ぶ否定的な植民地的および宗教的影響を及ぼした。

　予の愛しい息子、ポルトガル王子エンリケが、名声著しい父、ジョアン王の足跡に倣い、勇猛果敢なキリストの兵士さながらの魂の持主たちを味方に見出さんと熱望し、最果ての未知の国々に神の御名を伝え、カトリック信仰圏内に神とキリストの不敬虔な敵対者たち、すなわち不信心なサラセン人のような者たちを導き入れたりしことは予の欣快とするものなり。……予は熟慮を重ねた末に、予が使徒的書簡によってアフォンソ王に、キリストの敵たるサラセン、異教徒たちの支配下にあるすべての国々に侵入し、征服し、服属せしめる全面的かつ絶対的権利を与えしことを、考慮した上で、……[7]

ニコラウス教皇は、電報、テレビ、ジェット機、およびペーパーバック版書籍を持たぬ世界に生きていた。したがって、おのずからその世界観は厳しく制約されていた。とはいえ、彼の使徒的大勅書はヨセフ的夢神学のストレートな拡張主義的応用にすぎない。（熟慮を重ねた後に書かれた）彼の使徒的書簡は「キリストの形姿」を提示してはいない。力強い筆致で書かれ、精力的影響力を及ぼしたことは本当だが、「われらの救い主を安っぽく扱い、辱めた」と言える。ヨセフ－ニコラウス－コウツ路線神学はイエス・キリストの福音の使徒的路線を表現してはいない。使徒的神学は「烙印を捺《お》された」神学であらねばならない。使徒的自己否定に根差していなければならない。「……われわれは世の屑、すべてのものの滓《かす》になりました、今なおそうです」（コリントの信徒への第一の手紙四章一三節）。

宣教師たちは今より更に自由に、謙遜な奉仕の精神で、六大陸すべてからすべてへ経巡《へめぐ》るべきである。(8)

「謙遜な奉仕の精神」は宣教師たちが「世の屑、すべてのものの滓」であるという深い自覚と神の御前での謙遜を指し示す生き方を意味している。

わたしが言いたいのは自己否定が「イエス・キリストの烙印（stigma）を負うて生きていく」ことを意味しているということである。これこそ自己否定の神学的構造であり、意味である。自己否定の「キリスト論的」性格である。われわれはこのしるしを帯びて生きているであろうか。われわれの生はわれらが負うている烙印ゆえに絶えず不安な、かつ危ういもの（！）とされているであろうか。「主よ、深い淵の底からあなたを呼びます」（詩編一三〇編一節）。わが友なる僧侶は仏陀の烙印を帯びてシンガポールを歩んでいた。仏陀のしるしを負うて歩んでいた。彼の自己否定は「仏陀論的」自己否定である。彼のオレンジ色の僧衣と空の頭陀袋は修行僧的生の理想を、仏陀が生前説いた無宿性（homelessness）の価値を指し示している。

彼がキリスト教徒たちのキャンペーン的行動性に少なからず当惑していたことは明らかである。アジアの多くの所でわれわれは「キリストを目指す十字軍」に遭遇する。香港、シンガポール、台湾、およびタイで伝道十字軍が大波のように押し寄せる。アジア人は直観的に知っている、聖なる人、イエス・キリストは宗教的十字軍の人であるはずはない、と。不思議にもアジアはイエス・キリストを無我の人として知っている。聖なる人は無我の人なのだ。では、わたしは「キリストを目指す十字軍」という言い回しはやめるべきだと、提案しているにすぎないのであろうか。実はここでわたしが実際に提案しているのは、キリスト教徒のこうしたキャンペーン心理を新約聖書におけるイエス・キリストの烙印神学の光の下に置くことである。われわれの福音主義においてイエス・キリストの烙印は何を意味しているであろうか。アジアにおけるあらゆる十字軍的伝道運動は、「キリストの烙印の神学」と「キリストを目指す十字軍的神学」との間の悲劇的不一致を際立たす。この不一致のうちにわたしは、アジアの霊性とキリスト教的西欧の霊性との間の同様に重大な不一致を見る。アジア人はキリストを目指す十字軍的伝道を直観的にかつ情緒的に拒否することにおいて、別の選択肢たるキリストの烙印の神学に対して開かれたみずからの精神を示している。アジア人は彼ら自身の歴史と経験を通して自己否定と烙印が何を意味するかを知っている。聖書的救済史はキリストの烙印のしるしと共に前進するのであって、宗教的キャンペーンと共にではない。

わたしはキャンペーンに対して全面的に反対しているのであろうか。すべてのキャンペーンは不毛だと言っているのであろうか。そうではない、わたしが言っているのは、使徒的教会(「世の屑、すべてのものの滓となりました」)の文脈において、十字軍的精神は十字架につけられた精神によって洗礼を施され、人間的な機転の才が「神の目に適う」機転の才にならなければならないということである。教会は、その中心に十字架につけられた精神が立ち、十字架につけられた主に向かって救いを叫び求める限りにおいて、使徒的教会であり続ける。「なぜなら、わたしはあなたがたの間ではイエス・キリスト、すなわち十字架につけられたキリスト以外、何も知るまいと決心したからである」（コリントの信徒への第一の手紙二章二節）。いかなるキリストのための伝道キャンペーンも、根本的にイエス・キリストの烙印の影によって包まれなければならない。そうなって初めて、「キリストのための伝道キャンペーン」、すなわち十字架につけられた者、烙印を消し難く刻印された者のためのキャンペーンは、もはや通常の意味の十字軍的キャンペーンではない、烙印を押されたキャンペーンになるであろう。「誰であれわたしについて来たい者は、自分を捨て、自分の十字架を背負って、わたしに従いなさい」（マタイ福音書一六章二四節）。

われわれは今日、二つのパウロの言説の間に挟まれて暮らしている。「すべての人は上なる権威に従うべきである。神に由来しない権威は存在しないから」（ローマの信徒への手紙一三章一節）および「われわれが語るのは、神がわたしたちに栄光を授けるためにこの世に先立って定めておいた神秘なる隠された知恵である。この世の支配者たちはだれ一人この知恵を理解しなかった。理解していたら、栄光の主を十字架につけはしなかったであろう」（コリントの信徒への第一の手紙二章七、八節）。われわれはみずからを統治者たる権威者に従わせなければならない。にもかかわらず、支配者のだれ一人として十字架につけられた主の神秘を理解しなかった。われわれが歴史的生を生きている現代は「生きにくい時代」である。それゆえ教会史が教えていることを忘れないようにしよう。教会はしばしば、十字架につけられた主の栄光を理解しない「統治者なる権威者」の側に立ってのほほんとしている。この緊張のうちに生きている限り、われわれは静寂主義に後退するわけにはいかない。その光に導かれて人生の意味を見出せた真理のために、行動し、発言しなければならない。しかしわれわれの言行は、われわれのために十字架につけられた方の霊感によって導かれなければならない。わたしが示唆しているのは、われわれの福音伝道の方法に若干の調整を加える以上のことである。教会の使徒的性格の回復および更新の必要である。使徒的精神は、第一義的にかつ根本的に、十字架につけられた精神であって、十字軍的精神ではないということである。

タイにおける宣教の仕事の初期に、綿密に整えられたわたしのキリスト教教義学は挑戦状を突きつけられた。問題の焦点は「非キリスト教的霊性」だった。神学生時代に事実上いかなる神学教科書も言及していないテーマだった。かねてから知的に洗練された、他宗教にも寛容な自前の教義学体系と思っていたものによれば、なぜか真正な霊性はイエス・キリストの福音の力によってのみ育成されうるものと思われた。このキリスト教教義学の色眼鏡に映ったタイ仏教の霊性は栄養不良で未熟か、あるいは的外れなものだった。わたしの注意を引いたのは、キリスト教と仏教を分かつ歴史上および教義上の差異という主題ではなかった。それはわたしにとって「霊的」躓きとはならなかった。わたしは仏教的霊性の実相に触れて震撼させられたのである。自称「仏陀の薫《かお》りを放つ」仏教徒である民族とわたしは邂逅したのだ。仏陀によって与えられた理想に注ぐ敬虔、謙虚、および献身の生涯を送る人々と。何よりも彼らの貧しさと貧しさの中で享受する自由にわたしは感銘を受けた。霊性の定義はわたしの手に余る。あえて試みれば、人格の深みから放たれる芳香のようなものであろうか。そもそも仏教はどのようにしてかかる霊的美しさを生み出しうるのか。キリスト教徒の専売特許と思っていたのだが。だが現実にわたしは（コリントの信徒への第二の手紙二章一四節に記された）あの霊的芳香を放つ人々をキリスト教徒の間だけではなく、仏教徒、ヒンズー教徒、およびイスラム教徒の間にも見出したのである。しばしばわたしは身の安全と伝道予算の多寡を気にするプロテスタント系宣教師たちとオレンジ色の僧衣をまとうタイの僧侶たちとのコントラストに違和感を感じた。霊性という点に限って、タイの僧侶たちのほうがキリスト教宣教師たちよりもキリストの烙印のイメージに近い存在のように思われたのである。そのようなことがありうるであろうか。

仏教がかかる高貴な霊性を生み出しうるのは本当だが、仏教的霊性の基礎は誤っていると言う人がいるかもしれない。要するに、一見感動的だが、所詮ゆがんだ頽廃的霊性だ、イエス・キリストの御名に根を下ろしていないから、と。この類《たぐ》いのことを聞かされた機会は無数にある。確かに力強い「解決法」だ！　安心感を与えてくれるだろうから。所詮キリスト教的霊性のみが真の霊性であると知ることは、心強い限りではないか。かかる自己礼賛的神学は、イエス・キリストの福音のどこにも居場所はないにしても、この種の神学が教会内に巣食う救い難い霊的偏狭性のどれほど根深い原因か、測り知れない！「愛は寛容にして慈悲あり。愛は妬まず、誇らず」（コリントの信徒への第一の手紙一三章四節）。「誇る者は主を誇れ」（コリントの信徒への第一の手紙一章三一節）。十字架につけられた主を誇れ！　十字軍的精神で、十字軍的解決法でどうして十字架につけられた主を誇ることができようか。使徒的精神は自己礼賛的精神ではない。キリストの名によって残酷であるよりは仏陀の名によって憐れみ深くあるほうがましである。〔善き〕サマリア人的神学（ユダヤ人の視座から見ればおそらくは誤った神学）で〔強盗に半殺しにされた旅人の〕隣人になることは、ユダヤ教神学（ユダヤ教徒の視座から見ればおそらくは正しい神学）に依拠して、ぶちのめされた犠牲者を見捨てることよりもましである。「行って、あなたも同じようにしなさい！」（ルカ福音書一〇章三七節）とあるように。もし人がキリストの名によって憐れみ深くあるならば、困窮している人の隣人になるならば、現存の他宗教の人々の霊性について前記のような誹謗的コメントを下すことは決してしないであろう。

「風は思いのままに吹く。あなたは風の音《ね》を聞いても、どこから来てどこへ行くかを知らない。霊から生まれる人も皆同様である」（ヨハネ福音書三章八節）。自己否定の息吹は霊性の風である。霊性は、自己否定の要素を含むと、芳香を発する。キリスト教的霊性は、キリストの自己否定の烙印を帯びて生きるとき、美しく、かつ他者の徳を高める。「霊において貧しい人は幸いである。天国は彼らのものである」（マタイ福音書五章三節）。

　僧侶の話に戻りたいと思う。読者は、僧侶が自己否定に焦点を合わせて話すとき、わたしが同感したことを覚えているであろう。自己否定の人を創造するとき、宗教は生き生きとしてくるとわたしは言った。「人が友のために自分の命を捨てる、これ以上の偉大な宗教はない」〔ヨハネ福音書一五章一三節参照〕とすら言いたくなる。宗教的生は犠牲と自己否定の神秘によって生きるのだ。

カール・バルトは『教義学要綱』の「不信仰としての宗教」という表題で知られる章において、次のように言う。

> ……宗教において人はあえて神をつかもうとする。宗教は、把握の一種であるがゆえに、啓示の矛盾であり、人間的な不信仰の集中的表現であり、言い換えると信仰と正面から対立する態度および活動である[9]。

宗教はつかもうとする試みである！「宗教の形式」は「キリストの形姿」と矛盾する。「宗教の形式」は「〔自称〕先端が天に届く塔」である。

一九四五年に至るあの絶望的な数年間、「神聖な天皇陛下の一億の赤子たち」は「日出づるところの聖地」を必死で守った。東京の市民たちはこぞって「ここは天皇陛下の宮殿、陛下の宮殿、陛下の宮殿」と唱えた。米空軍のＢ29は焼夷弾による絨毯爆撃によって東京を完膚なきまでに粉砕し、首都は荒地と化した。八月〔六日と九日〕原子爆弾が広島と長崎に投下されたとき、同時に絶対的な国家神道のサタンもまた稲妻のように天から落ちた。一九四六年一月一日、天皇はみずからの神格を否定する勅語を発表した。八〇年間にわたって人命を殺戮し続けた異教的神道崇拝は公式に拒否された。この歳月を生きてきたわたしは知っている、バルトが何について語っているかを知っている。宗教はつかもうとする過程である！

しかしこれは人類の宗教的経験の全景ではない。宗教的リアリティは二義的である。魔神的可能性と天使的可能性の両面を含んでいる。偉大な歴史的諸宗教は何世紀にもわたって「つかむ機能を否定する」面を代表してきた。人間固有の貪欲性に屈するな、と繰り返し説いてきた。愛情と互いに尊敬し合うことを通して人間にふさわしい共同体を建設すべし、と主張してきた。事実、つかむ機能を拒否する生を生きる無数の人々を創造してきた。彼らがそのように生きた動機は、究極的真理への信仰と隣人愛であった。ガンディーはバガヴァッドギーター[12]が説く非所有（アパリグラハ）の理想に生涯を献げた。

「宗教の形式」は「〔自称〕尖端が天に届く塔」のそれだけではない。イサクを神に献げるアブラハムの信仰の形式でもある。現存の宗教的諸伝統に対する全面的な否定的評価は、これらの宗教的生における自己否定の真実相（リアリティ）の無理解に由来するに相違ない。人は己の眉毛を剃り落として宗教的リアリティを直視しなければならない。キリスト教神学および聖職者は一貫して人間の宗教的生をもっぱら否定的にのみ見てきた。キリストの烙印神学に従うなら、われわれは宗教人の生を注意深くかつ謙虚に直視しなければならないのである。

第5章 「聴け、イスラエルよ……」

以下に列挙する諸宗教の教えにおける自己否定の中心性

（a）「聴け、イスラエルよ……」
（b）「聴け、キリスト教徒よ……」
（c）「聴け、イスラム教徒よ……」
（d）「聴け、ヒンズー教徒よ……」
（e）「聴け、仏教徒よ……」
（f）「聴け、儒教の信奉者よ……」

本章でわたしが試みようとしていることを顧みると、巨象について話そうとしている田舎育ちのハツカネズミ（近視のネズミ！）の心境だ。それでもあえてやってみたい。歴史に登場した偉大な諸宗教の中心的メッセージは、われわれが今生きている歴史が深遠なかつ神秘的な仕方でそれらに応えていると言えるほど、われわれと密接に関係しているのである。歴史的な霊的メッセージと今日のわれわれの歴史との間で交わされる隠された対話は、これらの由緒ある霊的な「言葉」（ダルマ）のきわめて息の長い価値を指し示している。

（a） イスラエルのシェマア[13]――契約の神を愛せよ、という呼びかけ

イスラエルよ、聴け（ヘブライ語でシェマア）。われらの神、主は唯一の主である。あなたは心を尽くし、精神を尽くし、力を尽くしてあなたの主なる神を愛しなさい。

（申命記六章四―五節）

これは命令的な言葉遣いではあるが、命令をはるかに超えた次元を持つ。すなわち契約関係を示す言葉遣いである。シェマアの背後には「わたしはあなたをエジプトの地、奴隷の家から導き出したあなたの神、主である」（出エジプト記二〇章二節）という言葉の歴史的記憶がある。その意味でこれはイスラエルが経験した救済史を思い出させる働きをする。「主は心を尽くし、精神を尽くし、力を尽くしてあなたを愛した」（「……主は力強い御手と腕を伸ばし、大いなる恐怖としるしと奇跡をもってわれわれをエジプトから導き出した」（申命記二六章八節））。それゆえ、神はあなたがこのシェマアを思い出し、あなた自身の霊的および物質的繁栄のためにそれを実行することを望んでおられる。

それゆえ、あたかも申命記が全き服従によって救済を得るようイスラエルを導く書であるかのように、申命記における戒め〔ミツヴォット、原意は命令〕[14]を語の神学的意味通りに「律法」と解することはできない。否、すべての戒めはヤハウェを愛し、ヤハウェにのみ寄りすがれという戒めの壮麗な説明にすぎない（申命記六章四節以下参照）。そしてこの愛は自身に注がれた神の愛に対するイスラエルの応答にほかならない[10]。

このシェマア、すなわち人格的な契約神を愛せよというこの召命が、ユダヤ教、キリスト教、およびイスラム教の信奉者たちの基礎的霊性を形成しているのである。かくして今日一〇億人を超える人々はこの一節、すなわち申命記六章一節のはらむ霊感の下にある。わたしはシェマアの力の秘密を神の契約の民の歴史的経験のうちに位置づける。とりわけ、民が契約に忠実な神との関係に立つ場を深い人間的感情をもって洞察したホセアのような人々の歴史的経験のうちに位置づける[11]。シェマアは、不忠実な民を相手にしていることに気づいた契約の神の苦悩を指し示している。二つの歴史――契約を忠実に守る神の歴史と、「あなたの神、主」を愛さない民の歴史――のこの特定のもつれ合いを除けば、シェマアは継続的な歴史的力強さを発揮することはできなかったであろう。シェマアに耳を傾けると、二つの歴史（実は二つ合わさって一つの歴史なのだが）の絡み合いから聞こえてくる神の召命に聴き入ると、やがて神の「自己否定」の次元が見えてくる！　ここには「ヤハウェを愛せよ、という神の戒めについての壮麗な説明」（フォン・ラート）がある。読者よ、ホセア書一一章七―九節に注意を向けて欲しい。あえてこのようなことを言うのは、ひとえにわれわれ自身にシェマアの背後に秘められた感動的な神学的経験を想起させたいがゆえである。

わが民はわたしから離反しようと躍起となっている（あの歴史的および契約的経験をわたしと分かち持っているにもかかわらず）。それゆえ彼らは頸木に繋がれており、その頸木を外そうとする者は一人もいない。どうしてエフライムを見捨てられようか！　どうしてあなたをアダマーのようにさせられるか！　どうしてゼボイムのように扱うことができようか！〔日本聖書協会訳・改訳版ホセア書一一章七—八節参照〕

神は愛情深く行動するときでも、それに劣らず聖なる神という御自身の本来の性格を発揮する。それゆえ神は己の民の無情な仕打ちに苦しむ。彼らが契約において神に約束した信実（faithfulness）〔原語のヘブライ語はヘセド＝愛〕は朝露のようにすぐ消え失せるので（六章四節）。民の罪、背きに直面して、神は一種の無力感に圧倒される。[12]

神の無力感だって！　神の両手は痛々しくも、開かれてもいず、閉じられてもいない。神はエフライムを〔背信ゆえに〕見捨てなければならないにもかかわらず、見捨てることはできない。神はディレンマに陥っている！

わが心、激しく動かされ、

（自己否定ゆえに）

わが内に憐れみこみ上げて断腸の思い。

（自己否定後の憐れみ、自己否定によって湧き上がる憐れみ）

わたしは憤怒を実行に移すまい。

（自己否定そのもの！）

もう二度とエフライムを滅ぼすまい。

（神的自己否定に根差す決意）

わたしは神であって人間ではないのだから。

（この神の自己否定の行為は、「わたしは神であって人間ではない」という言葉の意味を示唆しているのであろうか）

あなたがたの只中にいる聖なる者なのだから。

（この神の自己否定の行為は聖なる者の意味を示唆しているのであろうか。神が自己否定者としてわれわれの只中に立っていることを意味しているのであろうか。この「只中」は神学的に言えば、「自己否定」の場所を指しているのであろうか。「彼らはイエスと一緒に二人の強盗を、一人は右に、もう一人は左に、十字架につけた」（マルコ福音書一五章二七節））。わたしは怒りをもって臨むことはしない。

（救済と新たな歴史の開始は神の聖なる自己否定から流れ出る）

これこそシェマアの力の秘密ではなかろうか。神の生ける人格性を指し示しているがゆえに。神の感情は一瞬の間にもっとも感動的な仕方で啓示される。神の無力さと自己否定という仕方で！「……あなたは心を尽くし、精神を尽くし、力を尽くしてあなたの主なる神を愛しなさい」（申命記六章五節）。

（b）キリスト教的シェマア――イエス・キリストに従え、という召命

誰であれわたしについて来たい者は、自分を捨て、自分の十字架を背負って、わたしに従いなさい。自分の命を救おうとする者は命を失い、わがために命を失う者は見出す。

（マタイ福音書一六章二五節）

キリスト教的シェマアは自己否定への召命、および御自身を否定した方に服従せよ、という召命である！　自己否定はイエス・キリストから固有の意味を受け取る。十字架につけられたイエスを通して神の愛が証明されたがゆえに。「しかし神はわれわれが罪人だったときに、キリストがわれわれのために死んでくださったことによって、われわれへの愛を示された」（ローマの信徒への手紙五章八節）。

（c）イスラム教的シェマア――神に服従せよ、という召命

預言者ムハンマド（五七〇―六三二）の出現と共に七世紀初頭アラビア世界に始まった宗教的生はイスラム教と呼ばれる。この信仰を、服従を意味するイスラムと名付けたのはイスラム教信仰の聖典クルアーンである。「神を礼拝する真の宗教はイスラム教である」（クルアーン、三章「イムランの家」）。「今日、予は汝らのために宗教を完成した。汝らへのわが祝福を成し遂げ、イスラム教を汝らの宗教として承認した」（クルアーン、五章「食卓」）。

アダーン（金曜日の神聖な奉仕と一日五度の祈禱サラートへの招き）にはイスラム教のシェマアが含まれている。「アッラーはいとも偉大なり。アッラーのほかに神なく、ムハンマドは神の使徒なり」。アッラー・アクバル（アッラーはいとも偉大なり）はイスラム教のシェマアの中心である。アッラーは唯一者、無比者である。比肩する者なき者である。「慈悲深く、憐れみ深い神の御名によりて唱えよ、『アッラーは神、唯一者、神、永遠なる避難所、忘れられたことなく、生まれたことなく、比肩する者ほかに一人もない方なり』と」（クルアーン、一一二章「真摯な宗教」）。アッラーは人の知識と理解力を超越せる主権者なり。アッラーは御自身を制約せぬ御方なり。民に「跪く」ことなき方なり。苦しむことなき方。「無力」なこと全くなき方なり。

神の配剤のすべてに統一性を与えるものは、それらすべてが神の意志であるということで

ある。意志の主体としての神は時には所与の記述によって認識されうるかもしれない。しかし神が本質的にいかなる所与の記述にも一致するわけではない。神の意志する働きはあれこれの特質において、同定されうるが、神の意志自体は究めることができない。それゆえ、神はあらゆる、すべての関係において、必然的に愛情深い、聖である、義である、温和である、あるいは穏やかであると言うことは許されない。(13)

イスラム教は神ご自身と人間自身との出会いである。(14)

神と人間との関係は〔後者の前者への〕服従である。人間は神の奴隷（アブドゥ）である。あなたが「神に服従して」（ムスリム）いるならば、神の律法を順守しなければならない。

貧乏になるのを怖れてあなたの子供たちを殺してはならない。あなたと子供らの暮らしの糧はわたしが用意するから。真に子殺しは許し難い罪。姦通の機会に近づくな。真に姦通はみだらな行為ゆえ。悪しき生き方ゆえ。神が禁じている殺人は犯すな、正当な理由があれば別だが。誰であれ不当に殺された人について、わたしは近親者に仇討の権威を与える。しかし仇討は度を過ぎないように。過ぎれば制止せよ。成年に達するまで孤児の遺産に手をつけてはならぬ。誰が見ても正当な理由があれば別だが。契約条件は守れ。ただしその契約が正当か否かよくよく吟味せよ。秤の度数を満たせ。正しい秤で重さを計れ。その方が結果は良く、公正に報われる。よく知りもしないことに熱中するな。耳で聞き、目で見、心で思うこと、これらすべてを吟味せよ。得意気に地上の暮らしをするな。地を引き裂くことは決してできぬし、高山の頂に達することはできぬゆえ。そうした振舞いはすべて邪悪で、汝の主なる神の目に厭わしいものであるゆえ。（クルアーン、一七章「夜の旅」より）

これらの掟をムスリムらしく実行せよ。あなたたちはムスリム（神に従う者）ゆえ。「得意気に地上の暮らしをするな！」。己の分際を心得よ！　ただひたすらアッラー・アクバル、「神に服従」せよ。これがイスラム教的な自己否定シェマアである。

（d）　ヒンズー教的シェマア——無欲な行動

バガヴァッドギーターから二、三行引用しよう。この聖典は十数世紀を貫き、広域にわたって深い影響力を及ぼしてきた。二〇世紀に、国家的危機に際してガンディーの精神において開花した。

いかなる存在に対しても悪意を抱かず、誰にも親切で慈悲深く、利己主義と自意識から解放され、苦痛や快楽に心乱されず、忍耐強い人。

何ものにも期待せず、清らかで、行動に巧み、沈着で、心を煩わされず、(行動に際して)人に先立ちたい欲望を完全に超脱した人、わが帰依者よ、かかる人こそわたしにとってかけがえのない存在である。(15)

わたしの理解によれば、「利己主義と自意識」からの自由への召命、より厳密には己の行為の果実を得る期待の断念への召命こそがヒンズー教的世界の中心的メッセージの一つである。人間は己の行動の果実を得る「期待」から解き放たれたとき、自由になる。「清らかな」人とは、己の欲望せぬ行動をなしうる人のことである。仮にわたしがある大学で講義をしているとして、対価として受け取るべき報酬のことを脳裡に浮かべてはいないであろうか。あるいはわたしがガレージで車にグリースを塗っているとして、この労働から得られるべき収入のことを脳裡に浮かべてはいないだろうか。あるいは自分の子供たちの世話をしているとして、彼らがいつの日か、わたしが定年退職したとき、援助してくれるだろうと期待してはいないだろうか。あるいは会社で勤勉に働いているとき、昇進が脳裡をかすめないであろうか。仮にわたしが神を信じているとしたら、いつか死後パラダイスに移されるかもしれないと考えないであろうか。あるいはわたしが隣人を愛しているとして、いずれその人がわたしに好意をもつようになって、お礼としてわたしを助けてくれるのでは、とちらっと思い浮かべないであろうか。仮にわたしがある高貴な目的のために命がけで奉仕しているとき、わたしがこれまでしてきたことは大いなる功《いさおし》なのだから、いずれ何らかの形で報われるだろうと、ちらっと思うことがないだろうか。そもそもわたしは、自分の行動の果実についていかなる期待もなしに、どうして何かをなしうるであろうか。「わたしはこれだけ稼ぐ」という期待から離れて、「わたしが何かをする」ということを理解することすらできないのではなかろうか。わたしの心と魂において、「わたしはする」と「わたしは稼ぐ」は分かち難く密接に連関しているのではなかろうか。どうしてわたしは自分の行動の果実を断念できるのか。できるわけがない。「……瞑想よりも良いことは何か、行動の果実の断念である。断念するや否や心の平安が到来する」[15]（バガヴァッドギーター一二章五節一、二）。バガヴァッドギーターは言う。人は己の行動の果実を得るという想念を捨てるときにのみ「平安」を達成する。「それがすべて、それ以上はない！」。

主人は、命じられたことをしたからといって、僕に感謝するであろうか。それゆえ、あなたがたは命じられたことをすべて成し遂げたら、こう言うがよい。「わたしはとるに足らぬ僕です。なすべきことをしたにすぎませんから」（ルカ福音書一七章九、一〇節）

まっとうな仕事をすれば、まっとうな報酬が得られることは間違いない。しかし「わたしはする」が常に「稼げるので、わたしはする」であるなら、その種の「わたしはする」は文明の存立を脅かすであろう。「わたしはする」が「わたしは稼ぐ」から解放されていることが非暴力的世界の隅の親石であるというガンディーの思想に、わたしは賛同しないわけにはいかない。このメッセージは強い妥当性を有する。けだしわれわれの現代世界はあまりにも首尾一貫して、しかも決定的に「稼げるので、わたしはする」世界だからである。

ヒンズー教のシェマアは「無欲な行動」（ニスカマカルマ）への召命である。欲望まみれの行動は、人間共同体における平和を破壊する自己拡張欲にほかならない。無欲が「清らか」なのは無我ゆえである。無欲な行動からアヒムサ（非暴力）世界の可能性が到来する。アヒムサの実行以上に、今日、人類が必要としているものがあるであろうか。自己否定はすなわち暴力の否定である。

（e）仏教的シェマア――諸欲望の消滅への召命

以下に記すのは仏教的シェマアである。

さて修行僧らよ、苦悩の高貴な真理は何か。誕生は苦しみである。老齢は苦しみである。死は苦しみである。悲哀、嘆き、痛さ、悲嘆、および絶望は苦しみである。

しかし修行僧らよ、苦しみの起源の高貴な真理は何か。新たな再生をもたらす、かの欲望である。欲望は快楽および情欲と固く結ばれて、ここあちらへと妄動し、そのつど新たに喜悦の声を上げる。

だが修行僧よ、苦の滅却の高貴な真理は何か。この欲望の全き衰退と消滅、放棄と諦念、欲望からの解放と超脱である。

だが修行僧よ、苦しみの消滅に導く道の高貴な真理は何であろうか。高貴な八重の道〔八《はっ》聖道《しょうどう》＝正見・正思惟・正語・正業・正命・正精進・正念・正定〕である。すなわち、正しい悟り、正しい思惟、正しい話し言葉、正しい身体的動き、正しい暮らし、正しい努力、正しい注意力、および正しい集中力である。


これらは覚者、ゴータマ・ブッダがベナレス郊外の鹿園で説教し、それによって戒律の車輪を始動させた教えである。伝承によれば、仏陀はこの宣言に先立って禁欲的瞑想に六年間〔二九歳から三五歳まで〕費やした。わたしがこれまで見た中でもっとも感動的だった彫像の一つは、バンコックの大理石寺院の内庭に安置されている、断食して痩せ細るほど禁欲に徹した仏陀、集中的瞑想の座像である。この彫像は印象深い無我の象徴である。

四つの高貴な真理〔四《し》諦《たい》＝苦諦・集諦・滅諦・道諦〕は苦の真理から苦の起源へ、さらに苦の消滅〔の教え〕へ、最後に苦の消滅に導く道へと進む。人間の苦悩の問題に集中する四真の教えである。苦しむ神々（あるいは唯一神）は現れない。苦しむのは人間のみ。そして人間はわれとみずからを苦しませる。神々と唯一神についての瞑想は無益である。人間の自己凝視を妨げるがゆえに。問題はみずからを苦しめる人間なのだ。人間がみずからの実存について語るとき、自身の苦悩について語っているというのは真である。「出生は苦悩である」。存在し始めるは即苦しみ始めるである。これは破滅的悲観論ではなかろうか。

苦についての真理と苦の起源についての真理の関係について、慧眼なタイの仏法僧、ブッダダサ・ビックが所見を述べている。

> とはいえ、「わが」出生、「わが」老い行くこと、「わが」死にしがみついていない場合、出生は苦ではない、老い行くことは苦ではない、死は苦ではない。出生、老い行き、苦痛、死を「わが事」として注視し、それらをつかもうとするや否や、それらは苦と化する。われわれ自身がそのように見定めていないなら、それらは苦ではない。身体的変化に過ぎぬ。身体がそのように変化するとわれわれはそれを出生と呼ぶ。さらに変化していくとき、われわれは老い行くと呼ぶ。さらに変化すると、われわれは死と呼ぶ。にもかかわらず、われわれはそれを身体的変化に過ぎぬと看破し損なう。それを現実の出生と見なすばかりではなく、「わが」出生、「わが」老い行き、「わが」死と呼ぶ。そもそもの始めから「われ」は妄想であるがゆえに、これは多重的妄想である。それゆえ身体的変化を「わが」出生、「わが」老い行きと見なすことは、さらなる妄想である。これらは身体的変化に過ぎぬと看破するや否や、出生、老い行き、死は姿を消し、同時に「われ」も消え失せる。もはや

いかなる「われ」も存在しない。かかる境地は苦ではない[16]。

誰かがわたしのピッツァを食べてしまったので、わたしは苦しむ。このセンテンスから「わたしの」を消してしまえば、あなたの心境は平安になる、ニルヴァーナに入る。苦（ドゥッカ）を造り出すのは貪欲（タンハ）である。わたしの「我」は誇大な「我」にほかならない。これこそわたし自身の「我」との貪欲的な関係である。誇大な「我」が「わたしの」大きいピッツァを欲しがるのだ。誰かが「わたしの」大きいピッツァを食べると、わたしは「深く」「とてつもなく」苦しむのである。

仏教における理想的な人間は欲の皮の突っ張らない人間、「我」から解放されている人間、徹底的に自己を否定する人間である。タイの田舎育ちの人たちの間で歌われる次のような歌謡がある。

美は死骸に見出され、
善は欲の皮の突っ張っていない人に見出される。
修行僧は己の良心のうちに見出され、
涅槃は死ぬ前に死に切る生き方に見出される。

貪欲－苦悩症候群を滅ぼしなさい！　そうすれば、あなたは救われる。自分自身との貪欲的かかわりがあなたの苦悩の原因である。「誰であれわたしについて来たい人は、己の〈我〉を滅却せよ。……」。

ボーディサットヴァ（菩薩）という概念（必ず悟って、仏性＝ボーディに至る、存在＝サットヴァ）は大乗仏教的生涯の著しい特徴の一つである。菩薩とは幾多の前世以前に〔無我・慈悲の人たらんと〕誓約して計り知れぬ功徳を積んだ人を指す。彼らに限ってこの世の罠ともつれから解放されている。望むなら究極的解放の境地、すなわちニルヴァーナ（涅槃）に達することは可能だ。しかし彼らの関心はもはやみずからの救済いかんにはなく、有情《うじょう》のものすべての救済に向けられている。したがってニルヴァーナへの悟入を後回しにし、衆生《しゅじょう》の必要・欲求に同一化することによって万人の救済のために働く。すべての存在者の福祉と永遠の至福のために献身する。仏陀は諸菩薩中の至高者として仰がれている。

過去の無限劫《こう》の間、
万人から尊ばれている方は、
努力を傾けてあらゆる徳を修得された、
われわれ人間、天上の諸存在者と龍王たち、
すべての生きとし生けるものに漏れなく

恵みをもたらすために。
捨てるに忍びないすべてのものを、
宝物、妻子、
祖国と御自身の宮殿を捨てた。
所有物は言うまでもなく、御自身の身をも惜しまず、
すべて、頭、両の目、および脳を
衆生に施《ほどこ》された。
清浄無垢たれ、という仏陀の教えを身に持し、
いかなる害をも加えることはなかった、
生命の危険にさらされても。
決して怒らなかった、
剣と棍棒で打たれても、
あるいは呪われ、虐げられても。
決して疲れなかった、
長年月、努力の限りを尽くしたにもかかわらず。〔16〕
（法華経の第一部に当たる無量義経第一章）

仏陀、無我に徹した人、他者愛の人、そして全面的自己贈与の人こそ大乗仏教的伝統の、四季を通して変わらぬ霊感の泉である。仏陀の善性は全き非貪欲のうちに見出される。「誰であれわたしについて来たい人は、菩薩に成りきって他者の幸せのために献身的に働きなさい。……」。

（f） 儒教的シェマア——至徳即仁への召命

孔子（前五五二—四七九）の論語は二日で読み通せる書物である。断片集と言ってもよい語録にすぎぬ小著が中国国民と、誰であれ中国文明と接触した人々に途方もない影響力を及ぼしえたということは驚異である。孔子が説いた教えの中心は仁である。論語の実に五八章が仁に関する議論について触れ、仁という語は全部で一〇五度出現する。だがこれらの仁関連の詞章は仁に達する方途に言及するのみで、仁そのものあるいは仁の本質については黙して語らない。孔子は様々な角度から仁を指し示すが、仁の本質を分析することはない。いわば彼は仁を手摑みせずに、仁をして彼自身を摑ませるのだ（ダイモンがソクラテスに話しかけるように）。孔子が直《じか》に説くことをしない仁——仁のほうが孔子を摑んで離さない——は、論語の読者の心に謎めいた力でみずからを印象づける。

仲弓《ちゅうきゅう》、仁を問ふ。子曰く。門を出でては大賓《たいひん》を見るが如くし、民を使ふには大祭を承《う》く

るが如くす。己の欲せざる所、人に施すこと勿《な》かれ。邦《ほう》に在りても怨《うらみ》無く、家に存《あ》りても怨なからん。（顔淵篇）

〔仲弓が仁を行うにはどうしたらよいかと問うと、孔子は答えた。「いったん家を出たら、誰であれ出会う人には、貴賓を迎えるかのように接する。民に労役を課するときは、大祭で神の声を聞くような気持で、民の声に耳を傾ける。自分がして欲しくないことを人にしてはならない。そうすれば国王に仕えても、大夫の家に仕えても人から恨まれないで済むだろう。」〕

仁の真義を暗示する主な事例の一つは、上の引用に示唆されているように、相互性（恕）の原理（他人への思いやり、赦し、相身互いの心がけ）である。ここに儒教のシェマアがある。

子貢問ひて曰く、「一言《いちげん》にして以て身を終ふるまで之《これ》を行ふ可《べ》き者有りや」。子曰く、「其れ恕《じょ》か。己の欲せざる所、人に施す勿れ」（衛霊公篇）

〔子貢が問うた。「何か一言で一生涯守るべき教えはないでしょうか」。孔子は言われた。「それは思いやりではないかな。自分がして欲しくないことは、人にもしてはなりません」〕

恕を忘れてはならぬ。恕を実行せよ。だが、それを実行することは難しいのではないか。然り。子貢が「わたしがして欲しくないことは、人にもしてはならない」と言うと、先生は言った。「子貢よ、お前はまだその境地には達してはいない」〔公冶長篇〕。だがこれこそ仁に至る道である。恕の実践を通して人は仁に至るからである。そして仁において人は真に教養ある徳高き人となる。人は仁と共に生き、仁の光に照らされて生きる。新たな人として。新たに創造された人として。先生〔孔子〕は言った。「賤しくも仁に志せば、悪しきこと無し」〔里仁篇〕〔仁を目指して努力している限り、とりかえしのつかぬ悪事を行うおそれはない。貝塚茂樹『論語』九二頁〕。

儒教的シェマアの力の秘密は、ただ孔子の賢明にして誠実無比な、しかも洞察に満ちた言葉にあるのではない。再言するが、むしろ己の全人格を恕の実践に傾注した――心を尽くし、精神を尽くし、力を尽くした――聖者の形姿にある。孔子は国家的現実の水準のみならず個々の人格の水準においても、仁の王国の出現を希望しつつ生きた。仁成就の約束を信じて生きた。「子曰く『仁は遠からんや。我、仁を欲すれば、すなわち仁至る』」〔述而篇〕〔先生は言った。「仁は遠い先のことであろうか。仁を行わんとすれば、見よ、仁はすでに手元に来ている」〕。「子四《よ》つを断つ。意母《な》く、必母く、固母く、我母し」〔子罕篇〕〔先生は四つの欠点から全く解放されていた。当て推量、無理押し、固執、我を通す、である〕。

「誰であれ孔子について来たい人は恕〔相身互い〕の原則を実行しなさい。……」。仁の王国到来の約束を信じることと、恕の道を通して世界に仁の王国を導き入れるために誠心誠意全力を尽くすことが儒教的な自己否定の方法である。

以上に述べた六つのシェマアの特性を略述しよう。

（a）**イスラエルのシェマア**

契約を重んじる神は契約関係に背く人間を〔救わんと〕探し求めている。この探求の努力において、神自身が自己否定の道を通過する。

（b）**キリスト教的シェマア**

イエス・キリストはへりくだって、御自身を空しくされた。「多くの人々の身代わりとして」十字架につけられた。「〔わたしについて来たい者は〕自分を捨て、自分の十字架を背負って、わたしに従いなさい」。

（c）**イスラム教的シェマア**

アッラー・アクバル〔比肩するものなき偉大な方〕。それゆえ人間はアクバルではない。人間は僕である。憐れみ深い、慈悲深い方の律法に服している者（ムスリム）である。

（d）**ヒンズー教的シェマア**

行動における欲望は根絶（否定）されなければならない。アヒムサー（不殺生）は欲望によって動機づけられぬ行動を通して到来する。

（e）仏教的シェマア

タンハ（貪欲）を滅ぼせ（否定せよ）。されば、ドゥッカ（苦悩）は死に絶えん。自己贈与的および自己否定的菩薩のまねびをせよ！

（f）儒教的シェマア

聖なる相互性〔恕〕の義務を順守せよ（自我中心主義を否定せよ）。仁の王国はあなたの手元に来ている。

第6章 シェマアの民とイエス・キリスト

「あなたの霊から去ってどこに行けばよいのでしょう」

シェマアの言葉は極端な言い方をする。

「……しかしその後、彼は悔い改めて、出て行った」

仏教徒は「イエスは主なり」とも「イエスは呪われよ」とも言わない。

「イエスは若者に目を留め、好意を抱いた」


今日われわれの間では根深い霊的不安感が漂っている。われわれには教養がある。われわれは近代人である。政治的および経済的組織に属して相当な経験を積んでいる。諸国の歴史について教育を受けている。自分の国がどのような歴史を経てきたかを心得ている。だが、啓蒙的理解力を十分に備えているにもかかわらず、われわれは己の自己同一性意識が崩れつつあると感じている。われわれの実存は脅かされつつある。〔通信手段は発達しているにもかかわらず〕人間同士としての心の通い（communication）は途絶しつつある。われわれの価値観は脆弱化している。われわれが人類にとっての霊的危機の時代を生きていると実感している。現代におけるわれわれの存在理由、今置かれている精神的状況について納得できる説明を与えうる人がいるとはとうてい思えない。われわれの悲劇を生み出した張本人はわれわれ自身なのかもしれないと感じている。人間的悲劇を生み出すには人間の霊性の関与が不可欠であり、同様に、人間的栄光をもたらすにも人間の霊性の関与が必要だ、とわれわれは意識している。われわれの精神は人間的悲劇かそれとも人間的栄光かという二つの由々しい可能性に対決を迫られている。

わたしは今日、天と地をあなたたちに対する証人として呼び出し、生と死、祝福と呪いをあなたの前に置く。それゆえあなたは命を選び、あなたもあなたの子孫も生命を得るようにし、あなたの神、主を愛し、御声に聞き従い、主にすがって離れずにいなさい。それこそがあなたの命、あなたは生き永らえて主があなたの先祖アブラハム、イサク、ヤコブに与えると誓約された土地に住むことができるでしょう。（申命記三〇章一九、二〇節）

われわれの精神は歴史的真空の中で呼吸しているわけではない。今日われわれがどこにいようとも、われわれは西欧文明の力強い影響下にある。ときには科学技術文明と、あるいはもっと単純に近代文明と呼ばれるものである。この最新の文明が人類史の地平に現れた諸文明中もっとも強力な、かつもっとも普遍的な文明であるということを、われわれの日々の経験は裏づけている。
西欧文明は力強い精神的運動である。従来、西欧文明が世俗主義と呼ばれる世界観を育成してきたということがしばしば指摘されてきた。世俗主義は「反精神的」あるいは「反霊性的」志向性と定義されている。「世俗的」という形容詞の反意語は「精神的」「霊的」と考えられている。しかし世俗主義は精神的志向性の一種である。人間の精神的エネルギーが「この世」に方向づけられている世界観である（saecularis というラテン語形容詞は「この世的」とか「現世的」を意味する）。ところで人間は不可避的に精神的な存在である。そして精神的価値を高く評価するのは人間の精神である。精神的価値を拒否するのも人間の精神である。両行為をなすのがいずれも人間の精神である以上、すべての人間的価値は必然的に精神的価値の次元を持つ。「神は霊である」（プネウーマ・ホ・セオス、ヨハネ福音書四章二四節）は「人間は精神である」を意味する。「どこに行けば、あなたの霊から逃れられるでしょうか。天に登ろうとも、あなたはそこにいまし、陰府《よみ》に身を横たえようとも、見よ、そこにあなたはいます！……」（詩編一三九編七、八節）。

マルクス、エンゲルスの『共産党宣言』（一八四八年一月）は単なる経済学的言説ではない。社会的搾取に対する人間精神の憤激である。その意味で、人間の精神的失意と熱望の宣言書だとも言える。『共産党宣言』の伝統に棹さす毛沢東は経済学説の語り手であるよりはるかに物語の語り手である。彼の物語的言語は中国の民衆の精神の琴線に直《じか》に触れる。そのような物語の一節を引用しよう。

抵抗戦争の勝利の果実は誰に属すべきか。言わずもがなである。桃の木を例にとろう。桃の木が実を結べば、桃は勝利の果実である。その桃を摘む権利のある者は誰か。桃の木を植えて水やりしたのは誰かと問うがよい。果樹園の不法占拠者はバケツの水一杯すら運んだわけではないのに、遠くから手を伸ばして桃を摘んでいる。彼は言う、「わたし、蔣介石はこれらの桃を所有している。わたしは地主で、お前たちは農奴だ。だからお前たちがたとえ一つでも桃を摘むことは許さない」と。われわれは新聞紙上で彼を論破した。「お前は水を桶一杯分すら運んだことはない。だからこれらの桃を摘む権利はない。われわれ解放地域の人民が毎日桃の木に水やりをしたのだから、その実を収穫する権利はわれわれにある」と。(17)

国民党軍と中国人民解放軍との間で起きた戦争が、ここに、中国人民大衆の精神的情緒に語りかける素朴な物語によってくっきりと浮き彫りされている。毛沢東は「盗んではならない」というメッセージを彼一流の譬えで語ったのだ。「盗んではならない」は精神的であると同時に革命的なメッセージである。

南アフリカの統治体制のアパルトヘイト政策は「精神的運動」の一種である。つまり、誤った方向に導かれた人間の精神に由来する。誤導された精神の運動でなかったとすれば、それを正すのははるかに容易だったであろう。クイーンズランド州が制定した「アボリジニ及びトーレス海峡諸島原住民の諸問題処理法に関する一九六五年法令」(同法は依然として同州の現行慣習の基礎である)に対して、オーストラリア教会協議会が発表した批判的見解の中に、以下の意見が見出される。

第一部第三一項について。同法施行下にあるアボリジニは彼らの銀行口座から金銭を引き出す際、許可を必要とするので、関係省庁は引き出された場合も自ら運営している銀行業務システムに多額の残高があることを確認することができる。同省庁はそれを長期及び高利ローンに投資し、利息を支払った後もかなり多額の利益を得る(一九六九年から七〇年にかけて二一〇〇〇ドル)。以上の規定は、一つの基本的相違点を除いて、すべての銀行に適用される。非アボリジニの国民は望む時いつでも銀行から金銭を引き出すことができる。この基金から得られる金銭は何に費やされるのであろうか。一部はコマルコ社株購入費用に、他の一部はシェルブール保留地(職業)訓練学校の運営費に充当される(両件はいずれもアボリジニに対する政府の寛大な措置の証拠として広く周知されている)。どの報道機関の事前文書も、この寛大な措置がアボリジニの金銭で賄われていることに言及した例はない。

このような操作は貪欲な霊性から行われている。その意味でこれは破壊的な「霊性」運動である。これが貪欲な霊性に根差していないならば、容易に矯正されるであろう。

わたしが思うに、シェマアは、われわれが波乱に満ちた人間の霊性が経験する現代を理解し、生き抜こうと試みる過程で、きわめて重要な意義を帯びてくる。われわれはまさしく伝統から近代化への過渡期を生きているのである。この過渡期においてわれわれは、道を踏み誤った霊性の巨大な仕業を、汚れた霊の跳梁を目撃している。シェマアは貪欲な霊性との闘いである。盗みと詐欺を相手にする闘いである。

シェマアはもと人間の霊性の歴史的経験に起源を有する。シェマアが象徴するものは人類の道義と良心の経験を踏まえると容易に把握できる。シェマアはわれわれに対して、またわれわれを代表して語っている。シェマアは個人的および共同体的誠実さを取り戻すことができるという生気回復の可能性を指し示す。シェマアがわれわれに気づかせようと指摘してくれる価値の拒否こそ、今日の悲劇的な世界的状況のもっとも基本的な諸理由の一つであるに違いない。われわれはシェマアの伝えるメッセージを無視することはできる。しかしもし無視するなら、われわれはみずからを傷つける結果となるであろう。なぜそうなるのか、その理由を知っていると主張するつもりはない。それはわれわれをつかんで離さない神秘であるに違いない。日本は過去二〇年間GNPを増加させようと躍起になって奮闘努力する過程で、東南アジア諸国との関係が課すシェマアの声を無視し、沈黙させてきた。そして今やその地域の厳しい審判にさらされている。他方オーストラリア国民は、同胞アボリジニに対する不公平な扱いゆえに、霊的生の深みで苦しんでいる。人間はこうした歴史的シェマアを無視すれば、必ず重大な傷をみずからに負わせる存在なのだ。

シェマアは「極端な」言語である。「あなたの心の力の七〇パーセントで神を愛せよ」で十分ではないか！　逆である。シェマアは神への「極端な」全き献身を要求する。「……あなたは心を尽くし、精神を尽くし、力を尽くして〔あなたの主なる神を愛しなさい〕」「自分を捨て、自分の十字架を背負って、わたしに従いなさい」は極端な言い方である。峻厳さもほどほどにしてもらいたい！　人間は本質的に〔神の〕エヴェド（僕、奴隷）であるというのも極端なメッセージである。「わたしは稼ぐ」から「わたしはする」を分離させよ、という示唆も同様だ。タンハ（貪欲）の除去と全き相互性の教えもそうだ。とはいえ、シェマアが含む極端な性質は、奇妙なことだが、破壊的ではなく創造的であり、欺瞞的ではなく真実さに満ちている。人間の自己肥大化の精神に立ち向かうために発言しようとすると、言語は極端になる。いずれの〔大宗教の〕シェマアも、人類に対する貪欲と自己肥大化の態度よりも歴史的にさらに意味深く、希望に満ちた精神的態度として、自己抑制、克己、自己否定を提示する。それらは極端ではあるが、魅力がある。今では去って、姿を消したかのように見えるが、にもかかわらずわれわれのもとをしっかり離れずにいる。軍備に天文学的国費を費やす世界においては、それらは幼児語のようにしか聞こえないであろうが、究極的な人間的価値の言語を語ることができる。人間が人間らしくあろうとすれば、核エネルギーすらその言語に従わなければならないのだ。今日、シェマアの声を特徴づける一つの方法は、使徒の自己同一性についての次のような力強い、逆説的な陳述である。

われわれはペテン師扱いを受けているが、誠実そのものであり、世間に知られていないようでいて、実はよく知られており、死にかかっているようでいて、見よ、生きており、罰せられているようだが、殺されてはいず、一見悲しげだが、常に喜んでおり、貧しげだが、多くの人を富ませ、無一物に見えて、あらゆるものを所有している。

（コリントの信徒への第二の手紙六章八―一〇節）

イエス・キリストはこのわれわれの世界の只中にいる（ホセア書一一章九節参照）。清い霊と汚れた霊が混在する世界、伝統から近代化に急激に移行しつつある過渡期を経験している世界、すなわち人類が必然的に偉大な歴史的シェマアに向き合わざるをえない世界の只中にいる。イエスの両手は痛々しげに、開かれても閉じられてもいない。

イエスが旅に出ようとされると、一人の男が走り寄り、跪いてイエスに問うた。「善い先生、永遠の生命を継ぐにはどうしたらよいでしょうか」。イエスは答えた。「なぜわたしを善いというのか。善いのは神お一人である。あなたは律法を知っているはずだ。『殺すな、姦淫するな、盗むな、偽証するな、父母を敬え』とある」。男は言った。「先生、わたしは子供の頃からそれらの掟を守ってきました」。イエスは慈しむように男を見つめて言った。「あなたはなお一つのことを欠いている。行って持てる物すべてを売り払い、貧しい人々に分け与えなさい。そうすれば、天に宝を積むことになる。そしてわたしに従ってきなさい」。それを聞いて男はうつむき、悲しげに立ち去った。たいへんな金持ちだったからである。

（マルコ福音書一〇章一七―二二節。マタイ福音書一九章一六―二二節、ルカ福音書一八章一八―二三節をも参照せよ）

仏教のシェマアにもイスラム教のシェマアにも、新約聖書に見出されるような「走り寄り、跪く」人が一人も登場しないのは、もちろん地理的および年代的な理由によるものである。上の引用文では、イエス自身が属していたイスラエルのシェマアの伝統に属する男がイエスのもとに駆け寄った。彼の発した問いは、敬虔深い男の口からのみ発せられる類いの問いである。「永遠の生命を継ぐこと」に関する問いである。彼は「イエスの前に跪いて」（ティリッヒ特有の表現を用いれば）己の究極的関心事について問うた。イエスは十戒を引用することで彼に答えた。男は「先生、わたしは子供の頃からそれらの掟を守ってきました」と答えた。跪いているこの男は思い上がっているのであろうか。この種のドラマを気楽な神学的距離感を維持して視聴しているなら、きっとわれわれの神学は直ちに次のようにわめくか、つぶやくか、するであろう。「いったい誰がこのような戒めをすべて守れるというのか！　聖なる神の目で見れば、われわれはすべて神の戒めの侵犯者ではないか！」と。

「イエスは慈しむように男を見つめた」。イエスは男を尊敬していた。その敬虔深さと十戒の実行ゆえに真価を認めていた。彼の存在と真摯さを受容していた。そのような彼をわれわれは拒否すべきであろうか。彼と同じように真摯にイエスに応えるシェマアの民はけっこう多くいると信じる。仏教的シェマアの民は彼ら自身の歴史的文脈の枠内で与えられた、似たような一連の戒律を知っている〔その場合は以下のような対話となるであろう〕。「あなたは戒律を知っているはずだ。殺生をしてはいけない、与えられていない物を取ってはいけない、邪淫を行うな、嘘をつくな、酒を慎め、等々」。「先生、わたしは子供の頃からそれらの掟を守ってきました」。

「わたしが律法と預言者を廃止するために来たと思うな。わたしは律法を廃止するために来たのではない、成就するためである」（マタイ福音書五章一七節）。イエスが来たのは「殺生をしてはいけない、与えられていない物を取ってはいけない、邪淫を行うな、嘘をつくな、酒を慎め、等々」の戒律を廃止するためではない、成就するために来たのだ。非暴力と仁の理想を滅ぼすためにではない、「実現する」ために来たのだ。シェマアは人間の貪欲に抗して立つ。とすればこう言うことも許されるのではなかろうか。「イエスは貪欲から解放された生を送る人、貪欲の力と闘う人（エフェソの信徒への手紙六章一二節参照）を慈しむように見つめた」。そうした慈しみの気持で「イエスは男に言った。『あなたはなお一つのことを欠いている……』」。一つのこととは何か！「行って、持てる物すべてを売り払い、貧しい人々に分け与えなさい。そうすれば、天に宝を積むことになる」。この命令に真摯に答えうる相当数のシェマアの人々が何世紀にもわたって存在したとわたしは信じる。「先生、わたしはその通り実行しました！」と。これを聞いたイエスは慈しむように彼を見つめないであろうか！　しかしこれで物語が終わるわけではない。なお四語からなる言葉が残されている。「そしてわたしに従ってきなさい」(......and come, follow me)。

この「わたし」とは誰のことであろうか。今日、多くのシェマアが存在する世界のいずこに彼は存在しているのであろうか。

いったい彼は今生きているのであろうか。われわれの歴史内で働いているのであろうか。多様な現存のシェマアの伝統に属するわれわれのもとへ彼は再臨するのであろうか。

すると見よ、一人の律法学者がイエスを試そうと立ち上がった。「先生、永遠の生命を継ぐためにわたしは何をすべきでしょうか。イエスは言った。「律法に何と書いてあるか。

あなたはそれをどう読んで〔解釈〕いるか」。学者は答えた。「『心を尽くし、精神を尽くし、力を尽くしてあなたの主なる神を愛しなさい。またあなたの隣人を自分のように愛しなさい』と書かれています」。イエスは言われた。「その通りだ。それを実行しなさい。そうすればあなたは〔永遠の生命を〕生きられる」と。（ルカ福音書一〇章二五―二八節）

博識の律法学者はイエスの問いに正しく答えた。イスラエルのシェマアが彼の口から響きわたった。彼はイエスを試していたのだ。だがイエスは己に突きつけられた問いと、試した者が答えた内容に関して真摯であった。律法学者が選ばれた民の霊的伝統の隅の親石について語ったからであった。だがこれで物語が終わったわけではない。まだ六語からなる言葉が残っている。「……それを実行しなさい。そうすればあなたは〔永遠の生命を〕生きられる」（Do this. And you will live）。

シェマアを実行しなさい（*Practice the shema*）！　そうすればあなたは「永遠の生命の継承」を経験できる。なるほどあなたは永遠の命について語ることはできる。永遠の命の構造と性格を神学的に定式化できる。しかし、「あの戒めを実行」して初めて「あなたは生きられる」は現実となるのだ。戒めを知ることは重要である。「律法に何と書いてあるか」という問いに正確に答えられることは重要だ。「天の父が憐れみ深いようにあなたも憐れみ深くある……」（ルカ福音書六章三六節）ことが〔人間にとって〕欠くべからざることを知ることは、人間の霊的生の本質の悟りである。しかしそうした悟りを得ながらも、憐れみ深くないならば、憐れみ深い天の父を知らずに憐れみ深くある人のほうが、天の父の心と実践により近くあるであろう。

あなたたちはどう思うか。ある人に二人の息子がいた。彼は兄のところに行き、「子よ、今日、葡萄園に行って働きなさい」と言った。兄は、いったんは「気が進みません」と断ったが、後で考え直して、出かけて行った。ついで彼は弟のところに行って同じことを言うと、「はい、承知しました」と返事したが、行かなかった。二人のうちどちらが父の願い通りにしたか。彼らが「兄のほうです」と答えると、イエスは言われた。「本当のことを言おう。徴税人や娼婦たちのほうがあなたたちよりも先に神の国に入るであろう」。

（マタイ福音書二一章二八―三一節）

なぜそうなるのか。「考え直して、出かけて行った」ことこそイエスの宣教における基本的なメッセージではなかろうか。そう言えば、あの放蕩息子の譬えの主人公も「考え直して、出かけて行った」ではないか。

しかし彼は本心に立ち帰って言った。「父の家ではあれほど多くの奉公人たちに有り余るほどパンがあるのに、わたしはここで飢え死にしそうだ。さあ、ここをたって、父のもとに帰ろう。そして言おう。「お父さん、わたしは天に対しても、あなたに対しても罪を犯しました。……」（ルカ福音書一五章一七、一八節）

ザアカイも「考え直して、出かけて行った」のではなかろうか。

主よ、わたしは財産の半分を貧しい人たちに分け与えます。もしわずかでも騙し取っていましたら、四倍にしてお返し致します。（ルカ福音書一九章八節）

シェマアの人々——たとえば仏陀やムハンマドの教えに献身的に仕えている人々——は「考え直して、出かけて行った」という言葉が彼ら自身の宗教的な、敬虔な経験において何を意味しているかを知っている。つまり「考え直して、出かけて行った」という言葉の新約聖書神学の真意を察する心備えが十分にできている。ということは、彼らはこのキリスト教信仰の中心的な神学的メッセージに無縁でも無学でもないということである。彼らなりの憐れみ、慈悲の理解を持っており、かつそれをみずからの霊性をもって実践しているということである。むろん彼らは、イエスは主なりとは言わないが、彼らなりに憐れみを実践しており、「考え直して、出かけて行った」という言葉が彼ら自身の文脈において意味していることを経験している。イエス・キリストの御名を主として告白していないがゆえに、彼らはイエス・キリストから隔てられているのであろうか。

「行って、持てる物すべてを売り払い、貧しい人々に分け与えなさい……」。これを聞いて、「男は悲しげに立ち去った。たいへんな金持ちだったからである」。立ち去った！　この言葉は彼がイエス・キリストに属していないことを意味しているであろうか。悲しげに立ち去った！悲しげにであって、意地悪い、傲慢な態度で、ではない。彼はイエス・キリストと絶縁したのであろうか。「悲しみが何を意味するか知っている人はなんと幸いなことか。勇気と慰めを与えられるのだから」（マタイ福音書五章四節、J・B・フィリップス訳に拠る）。われわれのイエス・キリストとの関係はかくも簡単に断ち切られ、壊されるのであろうか。それほど脆いのであろうか、ガラス製品のように。このような悲しい去り方はインマヌエル（神われらと共に）（マタイ福音書一章二三節）と呼ばれるイエス・キリストの御名による恩寵共同体の可能性の終わりを意味しているのであろうか。われわれの「イエス・キリストへの所属」はかくも脆いものなのであろうか。だとすれば、いったい誰が救われうるであろうか（マルコ福音書一〇章二六節）。遅かれ早かれわれわれは「悲しげに立ち去る」限界線に達するという言い方はあまりにも現実的ではなかろうか。（「……わたしについて来たい者は、自分を捨てなさい！」と言われた）イエス・キリストが実際に己を無にした（フィリピの信徒への手紙二章六―八節）程度にまで自己否定しうる人はわれわれのうち一人もいない！「だとすれば、いったい誰が救われうるであろうか」。イエスは彼らを見て言われた。「人にはできなくとも、神に不可能はない。神はすべてのことをおできになる方だからである」（二七節）。われわれの見地からすれば、「悲しげに立ち去った」は直ちに、「ではいったい誰が救われうるのだろうか」という問いとなる。しかし神の場合はそうならない！「先生、この人の目が見えないのは、この人か親が罪を犯したせいでしょうか」という問いにイエスは答えた、「この人か親が罪を犯したせいではない、神の業がこの人において現れるためである」（ヨハネ福音書九章二、三節）。「悲しげに立ち去った」と「生まれつき目の見えない」という二つの状況——何という危機的、絶望的状況であろうか！——が神の視点から常識とは違う見方をされている。

しかし、イスラム教的シェマアの民と仏教的シェマアの民はどうか。彼らはイエスに所属しているであろうか。事実、彼らは憐れみ、慈悲を実践しており、「考え直して、出かけて行った」という事態の霊的経験を有しているにもかかわらず、イエス・キリストの御名を告白してはいない！　それでも彼らはイエス・キリストに所属しているのであろうか。

「……神の霊によって語る人は『イエスは呪われよ！』とは決して言わない」（コリントの信徒への第一の手紙一二章三節参照）。またわたしは東南アジアにおいて神学教育に従事していた間、〔仏教的〕シェマアの民の口から「イエスは呪われよ」という言葉が発せられるのを聞いたことがない。「キリスト教徒は呪われよ！」という言葉はしばしば聞いたが、イエス・キリスト自身は尊敬されている。その名は聖であり、善と祝福を意味している。キリスト教徒は仏陀への尊敬を示すことはないが、仏教徒はイエス・キリストを尊敬している。これはアジアの多くの地域で見られる、困惑せずにいられぬ対照的差異である。もしもタイ人仏教徒がイエス・キリストの名を使って人を罵るのを耳にしたら、キリスト教について深い躓きを感じるに違いない！

「誰であれ聖霊によらずして『イエスは主なり』と告白することはできない」（コリントの信徒への第一の手紙一二章三節）。仏教徒は「イエスは主なり」と告白するであろうか。無論しない。彼らは「仏陀は主なり」とは告白する。だが「イエスは主なり」とは言わない！　とすれば、彼らは「イエスは呪われよ」と「イエスは主なり」の間のどこかに位置しているのであろうか。定かならぬ中道に？　わたしはそうは思わない。彼らがイエス・キリストに対するどのような立ち位置にいるか、わたしは定義することができない。知っているのは、彼らが「イエスは呪われよ」と言わないことである。「イエスは主なり」と告白しないことである。イエス・キリストは彼らの立ち位置を知っているはずだ、とわたしは信じる。

イエスが逮捕された後、ペトロは「距離を置いて」イエスの後を追った。そして三度イエスを否んだ。

しかしペトロは言った。「わたしはあなたが何を言おうとしているのか見当がつかない」。そう言い終わらぬうちに、突如、鶏が鳴いた。主は振り向いてペトロを見つめた。「今日、鶏が鳴く前に、あなたは三度わたしを否むであろう」と言った主の言葉を、ペトロは思い

出した。そして外に出て泣き崩れた。（ルカ福音書二二章五四―六二節）

十二人の使徒のリーダーだったペトロが三度もキリストを否んだ。ナンバーワンの弟子が！ 三度もだ！ 彼のイエスとの関係は粉砕され、終わったのか。コンクリートの舗道に落ちたガラスのように粉微塵に砕けたのではないか。イエスから「岩」とまで呼ばれた（マタイ福音書一六章一八節）彼が、「あの人を知らない」と否んだ後でもなおイエスの弟子でいられるのか。ペトロ自身に関する限り、すでにイエスとは絶縁している。「主は振り向いてペトロを見つめた」とある。それは断罪の、拒絶の、愛想尽かしの注視だったのか。それとも罪の赦しの、共同性回復の、希望、生命、受容の注視であったのであろうか。契約に忠実な神の独り子イエス・キリストは、この男をどのように凝視したのであろうか。その詳細について新約聖書は語らない。しかしわれわれはここに、無限の美、驚異的慰め、忠実な神の力強い臨在を見る（エゼキエル書三七章一―一四節）。そうした事態をわれわれが〔直に〕見うるわけがない。われわれの目に映るのは「外に出て泣き崩れた」ペトロの姿のみ。

現存する複数の他宗教の信徒たちは、ペトロがしたようにイエスを裏切ることはできない。ここで言う裏切りとは何か。献身の極《きょく》、親密に結ばれた信徒にのみ起こりうる可能性である。ペトロの置かれた状況はきわめて強烈なものである。「振り向いて」彼を「見つめた」イエスによって回復された、使徒中の第一人者たるこのペトロを注視するうち、わたしは、イエスとシェマアの民との関係は浅薄で脆弱なものではありえないと言わざるをえない。受難への途上にあるイエス・キリストはわれわれすべてを「振り向いて見つめる」。どのみちわれわれすべてはこのペトロの状況に参与するがゆえに。キリストの福音と複数のシェマアの民との関係は、裏切られ、十字架への途上にある主から切り離されてはならない。こうしたメシア的受難の真剣な文脈のみが、こうした真剣な問題の解明を導いてくれるのである。〔残念ながら未だ〕イエスの注視がわれわれすべてに与える鮮烈な衝迫を適切に記述し、伝達しうる神学はない。

キリスト教会が信じるイエス・キリストは教会の頭《かしら》であると同時に世界の頭である（コロサイの信徒への手紙一章一五―二〇節）。キリストが気遣っているのは「教会史」だけではなく、「人間史」である。実は教会史と人間史という二つの歴史が存在しているわけではない。キリストは一つの歴史に到来し、全一的な歴史のために死を遂げたのである。複数のシェマアは抽象的なメッセージではない。歴史内に起源を有し、歴史を貫いて生き続けたのである。これらのシェマアはいわば経験されたシェマアである。これらは人類の霊的危機というこの重大な時節を生きる何億もの人々の精神に語りかけている。十字架につけられたお方はそれぞれ固有のシェマアを持つ諸民族を彼なりの仕方で自分に引き寄せつつある。その仕方とは神の独り子の自己否定の神秘の道である。「御業を果たすため――なんと不思議な業であることよ！――御業を果たすため――なんと奇異な業であることよ！」（イザヤ書二八章二一節）。われわれはもっと知りたいか。当然だ！……把手のような便利なものを欠く十字架を担うイエス・キリストを、時間をかけて凝視しよう。そこに見えてくるものは何か。

第7章　神の指は人目にわかりやすい指し方をしない

ベトザタでイエスは「三八年間病んでいた」（ヨハネ福音書五章五節）一人の男を癒しただけであった。

救いに招く神学 対 問いに答える神学
われわれの問いに答えが与えられなくても、われわれはイエスと共に歩む。

わかりやすい包括的神学は、聖書の教えを現実の問題に無造作に応用する神学を生み出す。

あなたの信じる宗教よりもわたしの宗教のほうがましだ！　と主張し合う「神名美人コンテスト」（divine beauty contest）はもうたくさんだ。

なくもがなの躓きの石となくてはならぬ躓きの石

「しかしわたしが神の指で悪霊どもを追い出しているのなら、神の国はすでにあなたがたのもとに来ている」（ルカ福音書一一章二〇節）。ここでの「指」は神の「力」を象徴している。神の王政はわれわれの歴史から悪魔を追い出す神の指によって実現される。「信仰薄き世代よ！」とイエスは嘆いている（マルコ福音書九章一九節）。しかしイエスは「信仰薄き世代」の人々をひっくるめて追い出すことはしない。「彼は自分の民のもとに来たのだが、民は彼を受け入れなかった」（ヨハネ福音書一章一一節）。しかしイエスは己の民を一括して断罪しなかった（同三章一七節）。イエス、すなわち天地創造の始めから実在していた言葉（ロゴス）は信仰薄き世代、つまり御自身の民を支え担う（ヨハネ福音書一章一節およびヘブライ人への手紙一章一―三節）。彼は〔御自身の民に対する〕焦土作戦や絨毯爆撃の戦略には加わらない。彼は歴史を「包括的に」（comprehensively）変革しない。「根底的に」（fundamentally）変革する。もしも歴史がイエス・キリストによって根底的に変革されたら、当然その変革はわれわれすべてにとって歴然とわかるはずだ。しかしそれは自明のことではない。イエスが歴史を包括的に変革すれば、われわれすべてにとってその変革の業は明白であろう。しかし彼はそうしたやり方をしない。彼はわれわれの生の根底めざして舵を切り、われわれの歴史内における神の王政（the kingly rule）のリアリティを看取させるしるしを与えるのである。「主よ、あなたの御名を称えると、悪魔すらわれわれの言いなりでした」という〔派遣された弟子たちの〕報告を聞いて、イエスは「わたしはサタンが天から稲妻のように落ちたのを見た」と答えた（ルカ福音書一〇章一七―一八節）。「悪魔どもがイエスの言いなりになる」という趣旨の記述は、露わな包括的変革よりはむしろわれわれの歴史内で生起している隠された根底的変革を指し示している。

　福音書の物語群はイエスが実行した多くの個々の癒しについて語っている。イエスが行ったのは包括的な癒しではなかった。ベトザタの池のほとりには、病気の人、目の見えない人、足の不自由な人、体の麻痺している人が大勢身を横たえていた。しかしイエスが癒したのは、「三八年間病んでいた」（ヨハネ福音書五章二―九節）一人のみだった。またイエスは言った、「ラザロよ、出て来なさい！」（ヨハネ福音書一一章四三節）と。だが彼は「すべての死人よ、ラザロと共に出てきなさい！」とは言わなかった。かつてタイの文芸批評家ククリット・プラモイ氏は問うた。「なぜイエスはラザロと共にすべての死人を復活させなかったのか。なぜラザロは二度も死なねばならなかったのか」と。彼の見解によると、キリスト教にこそ救いがあるという主張は所詮究極的意義を有しないことをこの物語は示している。

イエスはガリラヤ地方全域を経巡《へめぐ》り、諸会堂で教え、神の国の福音を宣べ伝え、民衆が罹っているあらゆる病気や患いを癒した。彼の名声はシリア中に知れわたり、人々はすべての病人、様々な病気や苦痛に悩む者、悪霊に憑かれた者、てんかんの者、中風の者などをイエスのもとに連れてきた。イエスはそれらの病む人々を癒された。

「あらゆる病気や患い！」。事実そうだったにせよ、そのことは人類が「あらゆる病気や患い」から、最終的に、「一人残らず」解放されたことを意味してはいない。それらの病気や患いはイエスの時代は言うまでもなく、それ以前も以後もきわめて多くの人々を苦しめてきたのである。ベトザタでもガリラヤ地方でも行われたイエスの癒しは神の指を指し示すしるしだった。ガリラヤのカナでイエスは水を葡萄酒に変えた。「この最初のしるしをイエスはガリラヤのカナで行い、御自身の栄光を現した。そして弟子たちは彼を信じた」（ヨハネ福音書二章一一節）。

神の指が包括的に働くことはない。しかし包括的に働かぬ神の指は歴史の基を揺り動かす。神は歴史をひっつかむようなことはしない。神は歴史に浸透する。そこにわれわれの希望の根拠がある。われわれは癒される。イエス・キリストにおけるこうした神の業は、われわれから信仰を要求する。「信じます。不信仰なわたしを助けてください！」（マルコ福音書九章二四節）。包括的に働かぬ神はわれわれを当惑させる神である。「わたしに躓かない人は幸いである」（マタイ福音書一一章六節）。「包括的に事を運ぶ」神はわかりやすい神である。「わかりやすい」神はいわば偶像である。偶像をわれわれは手なずけることはできるが、生ける神をわれわれは飼い慣らすことはできない。十字架につけられたキリストは、偶像からもっとも遠く離れた地点である。なぜか。この地点に立つ神は、われわれにとってもっとも峻烈に「当惑させ」「躓かせ」「謎めいており」「手なずけられず」「わかりやすくない」そして「総括的に事を進めない」神だから。

総括的でわかりやすい神という理念によって鼓舞されている精神は、生々潑剌たる招きの神学に代わって受動的な解答神学を作り出す。アジアにおけるキリスト教宣教活動の不幸な特質の一つは、「イエスは解答である」というスローガンでキリストの福音を提示することであった。わたし自身の日本語感覚において、「イエスは解答である」というフレーズはきわめて無骨な、安っぽくて、皮相な神学のように響く。わたしの文化感覚においてそれはキリスト教が機械的に作用する宗教であり、それゆえ意義深い霊的次元を欠くと言うに等しい。しかし現実的問題は文化的なものではなく神学的である。

イエス・キリストは継続的物語を意味するのであって、機械仕掛けの神の解答を意味しない。「わたしは道であり、真理であり、命である。何人であれわたしを通すことなく父なる神に至ることはない」（ヨハネ福音書一四章六節）。この詞章はイエスが解答であるということを言っているのではない。イエスがわれわれに、わたしのもとに来て、一緒に歩こうと招いているのである。その上を歩むのでなければ、道を知ることがどんな役に立つというのか。立つわけがない！ 道を歩むことがないならば、道が何か知りようがないではないか。「わたしは道である」は「わたしと一緒に歩みなさい」を意味する。これは聖書的伝統を貫く基本的メッセージである。「……真理である」は、イエスと一緒に歩く過程でわれわれがイエスの真理を看取し、経験するということを意味する。そして彼の、真理を看取し、経験する過程で、われわれは彼の生涯によって影響を受ける。彼の生涯によって影響を受けると、われわれは「アッバ、父よ」と称え始める（ガラテヤの信徒への手紙四章六節、ローマの信徒への手紙八章一五節）。イエス・キリストは明らかに、指をパチッと鳴らすだけで散らかった子供部屋を片づけてしまうメアリ・ポピンズのようでもなければ、万人に甘美な解答をどっさり届けるサンタ・クロースのようでもない。彼は解答を与えるよりも関係を確立することに関心がある。契約の子（すなわち〔神人的契約の実たる〕献身的な関係性）に忠実な神である。彼は聖書的伝統の流れにしっかり棹さしている。「なぜならあなたを見出すことなく答えを見出すよりも、あなたを見出して、あの問いに答えなきままでいるほうがより良いからである」（アウグスティヌス『告白録』第一巻六章）。

神はイスラエルの民族的実存の危機的瞬間にモーセを召し出した。

「見よ。イスラエルの民の叫び声が今わたしのもとに届いた。エジプト人が彼らを圧迫する有様を見た。さあ、わたしはあなたをファラオのもとに遣わす。わが民イスラエルの人々をエジプトから導き出すために」。モーセは答えた。「わたしはいったい何者でしょう。ファラオのもとに赴いてイスラエルの人々をエジプトから導き出さねばならないとは」

（出エジプト記三章九、一〇節）

B・D・ネイピアはすばらしい釈義をしている。

いったいわたしは何者ですか、とモーセは問う。エジプトの奴隷たるイスラエル民族の一人ですか。それとも亡命者ですか。祭司の婿にしてミディアン族の羊飼いである者ですか。違う、と声は答える。今やあなたの人間としての本質（アイデンティティ）はわたしとの関係に照らしてのみ理解されるべきである。あなたは「神があなたと共にいる」である。[18]

神が与えた答えは奇妙なものである。「わたしがあなたと共にいる」。あなたはこの根拠以外のいかなる根拠に基づいても、この使命を果たすべく出かけることは許されない。「わたしがあなたと共にいる」がモーセの問いに対する答えである。然り、この答えはメアリ・ポピンズやサンタ・クロースの流儀で与えられるのではない。しるしの約束として与えられるのだ！将来起こるある出来事の形で与えられる。「わたしが与えるしるしはこれである。『……あなたが民をエジプトから導き出したとき、あなたがたはこの山でわたしに仕えるであろう』」（出エジプト記三章一二節）。「わたしがあなたを遣わした」しるしは使命を果たす過程で与えられるであろう。「わたしがあなたと共にいる」を自己の本質（アイデンティティ）とするモーセは神と共に歩み、その声に従うべきである。自己の本質の与え手が生ける神であるがゆえに、モーセ自身の本性は神の約束を目指して進む、潑剌とした生命体として呼吸しなければならない。「あなたは『神があなたと共にいる』である」（You-are-God-with-you）は未来志向的かつ信仰志向的である。かかるアイデンティティは招く神の恩寵に根差す所与のアイデンティティである。出エジプトの神は問いに答える神であるよりはむしろ招待状を差し出す神である。

エレミヤは召命を受けた瞬間、深い不安感、心細さを経験する。

「あなたを創造する以前から、わたしはあなたを知っている。あなたが誕生する前に、わたしはあなたを聖別し、国々への預言者になるべくあなたを任命した」。わたしは答えた。「主なる神よ、わたしは一介の若者にすぎず、話し方さえわきまえておりません」と。しかし主は言われた。「若者にすぎないと言ってはならない。わたしが遣わすすべての人の所へあなたは行かねばならない。そして言え、と命じたことは何であれ、あなたは言わねばならない。彼らを怖れてはならない。わたしがあなたと共にいて、あなたを救い出す」。

（エレミヤ書一章五―八節）

エレミヤは召命を受けた瞬間、深い不安と心細さを感じた。彼はアッシリア、バビロニア、エジプト、およびイスラエルへの預言者として任命されたのだ。「わたしがあなたと共にいて、あなたを救い出す」という約束のみを拠り所として彼は出かけて民に告知することを使命とした。この使命の履行を通して彼は絶えず耐え難い苦痛と、任務の強いる緊張を感じた。絶望の極、エレミヤは深刻な個人的悲嘆に満ちた言葉で神に語りかけた。

主よ、あなたはわたしを欺きました。わたしは欺かれました。あなたの力がわたしより優っていたので、わたしは負けました。わたしは日がな一日、笑い物とされ、皆はわたしを嘲笑します。わたしが口を開くたびに、「暴力、破壊」と大声で叫ぶからです。主の言葉はわたしにとって日がな一日、非難と嘲弄を浴びることを意味します。「もう主のことには触れまい、主の名によって語るまい」と自分に言い聞かせても、御言葉はわたしの心中に、燃え盛る炎が骨の中に閉じ込められているかのように、胸中に抑えかねてやりきれません！　なぜわたしは労苦と悲哀を経験し、恥辱のうちに歳月を過ごすために母の胎から生まれ出たのであろうか。ああ、わたしが生まれ出た日は呪われるがいい！

（エレミヤ書二〇章七―九、一四、一八節）

ゲアハルト・フォン・ラートの言葉を引用しよう。

われわれが「欺いた」と訳したヘブライ語は、実は、若い娘を誘惑し、蕩《たら》し込む行為を意味する語である――「あなたはわたしの若さゆえの無知に付け込みました」（ルドルフ訳）。預言者は本気でみずからを非難することはできない。己の力とヤハウェの力とは比較を絶するゆえに。〔神から課せられた〕この耐え難い奉仕から逃れようと試みたことを預言者は認めるが、しかし彼を感動させた主の言葉は己の胸中で燃え盛る炎のようであった。それゆえ彼は預言者であり続けねばならなかった。しかしその結果、彼の身の上はどうなったか！　彼の生涯は恥辱のうちに終わらねばならない（一八節）。とどのつまり――これこそ至高の結果ではあったが――エレミヤは己の〔預言者としての〕生が完全に見捨てられたことを呪うのである（一四節以下）。最後の詞章は独白である。預言者が語りかける神はもはや応答してくれない。……己の務めについての懐疑が増大していく現実に直面してもなお、ほとんど超人的と言ってもよい神への服従を貫き、使命が課す未曽有の緊張に耐えつつ、究極的には遺棄に終わる道を歩み続けることがどうして可能だったのか。それがエレミヤの秘密であることに変わりはない。神と民とを結ぶ仲介者としてのこの苦しみが神の目には意味深いものと映っているのではなかろうか、という想念は一瞬たりともエレミヤの心に浮かぶことはなかった。再言するが、もしも神が民に遣わした預言者中もっとも忠実だったエレミヤの生をかくも恐るべき不可解な一夜に導き入れ、どう見ても全き悲哀としか見えぬ状態に彼を放置したとすれば、そのこと自体が神の抱える秘密であろう[19]。

「わたしがあなたと共にいて、あなたを救い出す」という約束をした神は今、沈黙している。エレミヤは応答なきまま信仰のうちに生きる。彼が手中にしているのは「わたしがあなたと共にいて、あなたを救い出す」という約束のみ。しかも肝心のこの約束が実行されずに終わりそうだ。だが、エレミヤは、「ほとんど超人的と言ってもよい神への服従」を貫くことによって、「わたしがあなたと共にいて、あなたを救い出す」という約束の意味を深める。この約束を己の魂の秘密の深みに携えて行く。苦悶し、悲嘆する。「なぜわたしは労苦と悲哀を経験し、恥辱のうちに歳月を過ごすために母の胎から生まれ出たのであろうか」。答えはない。にもかかわらず、彼は神に従う。かくも深遠な霊的危機と経験をした人はまれであろう。エレミヤは十字架につけられた主の最後の瞬間を想起させる。「わが神、わが神、なぜわたしを見捨てたのですか」（マタイ福音書二七章四六節）。イエスは、神が自分を見捨てようとしていると感じていたにもかかわらず、神にそう呼ばわる。「彼は神に逆らって神のもとに避難する！」（ルター）。エレミヤとイエスは彼らを見捨てようとしている神にあえて信頼した。彼らの信頼はもはや神の露わな答えに基づく信仰ではない。神が答えてくれないにもかかわらず、彼らは神を信じた！ それは契約関係において信仰が維持されうるもっとも意味深い信仰可能性である。ここにわれわれが見るのは答えを探究する神学ではなく、関係を探究する神学である。残酷なほど勝ち目のない状況に置かれていたにもかかわらず、彼らは、なぜ？という必死の問いに答えを見出せぬまま（！）あえて自分と共に歩み続けるようにという神ご自身の招きに信従した。名も知られぬカナンの女は同じこのタイプの試練に直面して、イエスに向かって叫ぶ。

「ダビデの子、主よ、悪鬼にとり憑かれて苦しむわが娘ゆえにわたしを憐れんでください」と。しかしイエスは一言《ひとこと》も答えてくれなかった。……しかし女は近づいてイエスの前に跪き、「主よ、お助けください」と叫ぶ。ようやくイエスは答える（だが何と冷淡な答えであろうか！）。「子供たちのパンを取り上げて犬に投げてやるのは良くない」。（このあと、数多くの使徒信条より力強い驚異的な信仰告白が行われる！）「主よ、おっしゃる通りです。しかし犬さえ主人の食卓からこぼれ落ちるパン屑を食べます」。ここに至ってイエスは女に答えた。「女よ、あなたの信仰は大いなるかな！……」。

（マタイ福音書一五章二一―二八節）

女は、「イエスが一言も答えてくれなかった」にもかかわらず、望みを諦めなかった。ぞっとするほどむごい言葉を返されたにもかかわらず、女はイエスを信じ続けた。彼女の立所《りっしょ》は答え探求神学ではなく生々溌剌たる関係探究神学だった。女は「一言も答えてくれなかった」イエスを信じ続けたのである。

わたしはこれまで幾度もイエス・キリストの福音がハッピーエンド型宗教として提示されるのを聞いた。クリスチャンが未信者に信仰の証しをするとき、しばしば、キリスト教信仰のお陰で自分は健康や仕事の成功や収入の増加を伴う地位の向上を得ることができたという類いの話になっていた。イエスはあなたを幸せにしてくれる。あなたが抱えている諸問題を解決してくれる。「イエスのもとに行きましょう！」。わたしは上述のことが偽りだと言っているのではない。クリスチャンになって以来、社会的地位が上がり、収入が改善された人々は大勢いるはずである。しかしイエス・キリストへの忠誠は社会的地位を向上させるかもしれないし、そうでないかもしれない。キリスト教信仰が社会的地位の向上と基本的関係を有するとは言えない。キリスト教信仰は、あなたを幸福な人にするかもしれないし、あるいはまた「なぜわたしは労苦と悲哀を経験し、恥辱のうちに歳月を過ごすために母の胎から生まれ出たのであろうか」と嘆かずにいられぬ立場に置くかもしれない。キリスト教の福音（喜ばしい知らせ）はおよそハッピーエンド型宗教とは異質の宗教である。「われわれは知っている、神は神を愛する者たち、御計画にしたがって召された者たちのために、万事を益となるようにしてくださることを」（ローマの信徒への手紙八章二八節）。

この詞章はしばしばキリスト教信仰のハッピーエンド的特質を裏づけるために引用される。わたしの理解では、この詞章はこうしたキリスト教観を破壊する。本詞章の真意の解明はコリントの信徒への第二の手紙一一章二三—二九節に見出される。

彼らはキリストの僕であろうか。気の触れた者のような言い方になるが、わたしは彼ら以上にそうである。苦労したことは彼らよりはるかに多く、投獄されたこともはるかに多い。鞭打たれたことは数えきれないほどで、死に瀕したことすら何度もあった。ユダヤ人から四〇に一つ足りない鞭を受けたことが五度あった。棍棒で打たれたことは三度、石打ちされたことも一度あった。航海で遭難したことが三度、一昼夜海上を漂流したこともある。旅の途上では、川の難、強盗の難、同胞の難、異邦人の難、都市の難、荒野の難、海上の難、偽りの兄弟の難に遭遇し、労し、苦しみ、幾度も眠られぬ夜を過ごし、飢え渇き、しばしば食物を欠き、寒さに凍え、裸でいたこともあった。その他いろいろ難儀があったほかに、日々押し寄せてくる諸教会の心配事がある。誰かが弱っているとき、わたしが弱らずにいられようか。誰かが躓いて脱落しそうになっているときに、わたしが憤激せずにおれようか〔*the Peoples' Bible* に拠る〕。

「神は神を愛する者たちのために、万事を益となるようにしてくださる」と断言したパウロの現実の姿がここにある。前に触れた昇給もなければ、事業の拡大もない。カロリー摂取の増加もなければ、社会的地位の向上の話も出てこない。パウロの神は「御利益を露わに示す」神ではない。つまり偶像ではない、生ける真の神である。投獄され、鞭打たれ、石責めにされ、難破して漂流し、あらゆる類いの人々から脅され、飢え渇き、寒さに凍え、裸にされたパウロを通して、神は御自身の指をもって歴史の土台に触れた。パウロにも触れさせた。ハッピーエンド的宗教は、わかりやすく包括的に働き、その指が予定的動きしかしない露わな神のカルトである。聖書の生ける神はハッピーエンド的宗教の予示的管理者に変質された。この神は世界の主なる神として人間に立ち向かうことをしない。人間の自己祝福的宗教観におとなしく従うのみ！　アジアの諸教会で歌われる賛美歌の大半はハッピーエンド的宗教の創始者に変えられたイエス・キリストの神学によって支配されている。予示的指を持つこの種の神が、反予定的指を持つ神よりもはるかに精力的にかつ普遍的に宣べ伝えられてきたことは、大いなる不幸だと思う。予定的指の神（答えを与える神）は、真の神（使命へと招く神）の反予定的指の伝えるメッセージに対して西欧人よりもはるかに受容的な心情を持つアジア人の目には、安っぽ過ぎて真実味に欠けると映ったのである。

「わかりやすい包括的神」（露わにかつ包括的に働き、それゆえ人間によって飼い慣らされるようになった神）は、直線的応用を目指す神学に表現される。直線的応用神学は、アフリカ諸国を分割した〔西欧の〕植民地主義的支配者たちが能率本位に引いた多くの直線同様、迅速かつ能率的である。詩編の記者は言う、「愚か者は心のうちに『神は存在しない』と言う」と（一四編一節、五三編一節）。直線的応用神学はこの言葉を直線的かつ「包括的に」仏陀に応用するであろう。かかる神学に乗せられた者たちは「仏陀は〈愚か者〉である。なぜなら彼は〈無神論的〉！であるゆえに」と決めつけるであろう。この種の仏教理解は、宗教史と文化の理解における悲喜劇的浅薄さを露呈しているにすぎない。孔子、老子、パルメニデス、プラトン、およびソクラテスと並ぶ、世界で最も偉大な賢者の一人、仏陀、すなわち釈迦は、聖書的遺産の外側の世界に生きた人である。彼自身の歴史的および文化的文脈の内部にあって、シッダールタは人生の真理を探究し、それを悟り、表現した。彼がエリヤとイザヤに出会ったことは一度もない。当時はラジオもペーパーバック本もなかった。彼はインド的霊性を受け継いでいた。四五年間にわたる伝道活動は北東インドの小さい台形の形をした地域に限定されていた。その範囲は古代諸都市、ラージャガハ〔パーリ語〕、ヴェサーリ、サヴァッティ、およびバラナスィの間に引かれた線によって明示されうる。釈迦は人間的実存とその苦悩を非凡な霊的および知的集中力をもって研究した。その結果、伝統的な「多くの神々」は実は人間の救済にまったく役に立たないと悟った。八〇歳で死に臨んで彼は弟子たちに告げた。「修行僧らよ、わたしはあなたがたに勧告する。人格の構成諸要素は腐敗を免れない。ゆえに精魂を傾けて修行に努力せよ」。阿難陀への遺言として曰く、「それゆえ、阿難陀よ、自らにとって島々であれ、自らにとって逃れ場であれ、わが教えを島として、わが教えを逃れ場として受け入れよ。他に逃れ場はないと知れ！」（ディーガ－ニカーヤ〔南伝仏教所伝の長部〕一六章）。釈迦は弟子たちに供犠によって得られうる力を含む多様な外的力に頼ってはならぬ、と諭した。彼のいわゆる「無神論」（なんと直線的で「概括的な」語であろうか！）は、それぞれ伝統的な神々に対する無神論的態度ゆえに告発されたソクラテスと原始キリスト教徒たちの無神論と著しく似た響きを湛えている。

「……皆さん、御存知のようにあのパウロという奴は、エフェソのみかほぼアジア州全土にわたって、手で作った神々は神ではないと大勢の人々を説きつけて、道を誤らせました。このまま放っておくと、このわれわれの商売に悪評が立つ恐れがあるし、偉大な女神アルテミスの神殿すら軽んじられ、アジア州全土と全世界が拝んでいる大女神の御威光すら消えてしまいかねませんぞ」（使徒言行録一九章二六、二七節）

パウロが無神論の廉で告発されるとは！「アジア州全土と全世界が拝んでいる大女神アルテ

ミス」は空疎な存在だと断言した点で、パウロは聖書的伝統に忠実であった。アルテミスはアブラハム、イサク、ヤコブの神ではないし、イエス・キリストの父なる神でもない。

仏陀はイエスとは異なる歴史的状況で活動した。「愚か者は心の中で『神々は存在する』と言う」状況下で。仮に仏陀が神は存在すると言ったとしよう。むろんそのことは彼がアブラハム、イサク、ヤコブの神の実在を肯定したということを意味してはいない。異なる歴史的状況という言葉でわたしが言おうとしているのはそのことである。仏陀の教説とアブラハム、イサク、ヤコブの神への信仰との間に「直線的」関係はない。両者を結ぶ「能率的かつ迅速な植民地主義的」直線など存在しない！　とはいえ、両者を結ぶ多くの間接的な霊的諸経験はある。

「アテネ市民の皆さん、あなたがたがすべての点でたいへん敬虔な人である、とわたしはこの目で見ました。実は町の通りを歩きながら、あなたがたが拝む様々な物に注目しました。その中に〈知られざる神に〉と刻まれた祭壇があるのに気づきました。あなたがたが知らずに礼拝している方、わたしが宣べ伝えているのはほかならぬその方なのです」

（使徒言行録一七章二二、二三節）

パウロは「能率的かつ迅速な植民地主義的」割り切り方で神学的思惟を働かせたわけではない。彼らが「知られざる神」と称する神を素直に受け入れ、アテネ市民を「たいへん敬虔な人」であると認めている（この点でインド人、タイ人、インドネシア人、フィリピン人も変わらない）。パウロは自分が宣べ伝えたいと思う神と彼らの「たいへん敬虔な」霊性との間に間接的かかわりのある霊的経験が介在していることを看取したのだ。彼の神学的接近法は直線的応用法ではなく、むしろ思慮深い間接的適用法である。それゆえ「あなたがたが知らずに礼拝している方」は断罪されていない。逆である。「わたしが宣べ伝えているのはほかならぬその方なのです」と言う。

わたしが東南アジアでしばしば耳にしたのは、仏教は、神について説くことをしないから、「反キリスト教的」宗教だ！という主張である（何という直線的で「概括的な」断定であろう）。仏教は共産主義同様、悪魔的だ、いずれも無神論的だから！——直線的応用神学の代弁者たちはそう主張する。[17] いつ、またどういう理由で、キリスト教徒は美しいものを端的に美しいと認める共通感覚を喪失したのであろうか。

「最後に、兄弟たちよ、何であれすべて真実なこと、すべて尊ぶべきこと、すべて正しいこと、すべて清らかなこと、すべて美しいこと、すべて名誉なこと、また美徳や称賛に値することがあれば、それらについて思いを深めなさい」（フィリピの信徒への手紙四章八節）

植民地主義的精神は使徒的勧告を好まない。見る目があれば、キリスト教的霊性の歴史においては言うまでもなく仏教的霊性の歴史においても、真実なこと、尊ぶべきこと、正しく、清らかで、美しく、名誉なことはいくらでも見出せるものである。

東南アジアのキリスト教徒の間には直線的応用思考の例がかなり見出せる。そのうちのさらに三例を取り上げて、瞥見してみよう。

第一例は「わたしより前に来たすべての者は盗人《ぬすっと》であり、強盗である。しかし羊は彼らを相手にしなかった」（ヨハネ福音書一〇章八節）。これは実にきつい箴言である。ここで用いられているすべては文字通りすべてを意味しているのであろうか。アブラハム、モーセ、エリヤ、エレミヤ、イザヤなど、神によって派遣された預言者は多い。彼らは「わたしより前に」来た。もしもわれわれが「わたしより前に来たすべての者」という言葉を旧約聖書に登場する偉大な信仰の人たちを指すと解すれば、こうした理解が〔旧・新約〕聖書全体にわたって記されている救いのメッセージのいわば凝集性〔統合性〕を破壊し、イエスの救い主としての自覚そのものすら根底まで腐食させるに至ることは明らかである。次に、たとえば、上述の言葉は仏陀や孔子やソクラテスを意味しているであろうか。ヨハネ福音書の記者が執筆中、仏陀や孔子やソクラテスを念頭に置いていたという仮説を受け入れることはきわめて難しい。新約聖書は、仏陀、孔子、およびソクラテスを「盗人や強盗」とみなしたであろうか。そのようなことは想像すらできない。

ヨハネ福音書一〇章八節は、イエス・キリストのメシアとしての宣教活動の文脈内で、はるかに集中的に特定の人間集団を指し示していたに違いない。聖書学者、R・E・ブラウンは言う。

……われわれの意見では、ファリサイ派とサドカイ派はイエス自身が述べる批判の、もっとも蓋然性の高い標的であり続けた。イエスの同時代まで続く、マカベア書に登場する不運な一連の祭司的支配者と政略家たちは、間違いなく、イエス以前に来た偽の羊飼い、盗賊、強盗のモデルとして解釈されうるであろう。ファリサイ派もハスモン朝時代〔前一二九—三七年〕とヘロデ朝時代〔前三七—四年〕における政治的権力闘争でみずからを汚した。ヨハネ福音書一〇章八節の譬えをこのように説明する際、用いられた強い言葉遣いは、イエスがサドカイ派とファリサイ派による権威の不正な行使を攻撃するマタイ福音書二三章〔二七節以下〕の激しい言葉遣いと比較されることがあるのももっともである。[20]

「わたしより前に来たすべての者」についてのこうした綿密な理解は、まったく意味をなさないこの譬えの直線的かつ「概括的」応用よりも、われわれをキリストの福音の中心的メッセージの理解に近づけてくれる。

第二例はエフェソの信徒への手紙四章一七—一九節と関係がある。

それゆえわたしは主にあって真剣に勧めます。もはや無益なことに頭を使う異邦人のように生きてはなりません。彼らの知性は暗愚になり、内なる無知と心の頑なさゆえに神の生命から遠ざかって、良心が鈍くなり、みだらな行為にふけり、あらゆる類いの汚らわしいことを貪るようにしたがります。

〔本書を執筆している〕一九七五年に、タイやインドやフィリピンやビルマ〔現ミャンマー〕やインドネシアやベトナムや香港や日本やオーストラリアやニュージーランドや太平洋諸島において、われわれは上に引用したパウロの人間観で異邦人を性急にかつ大雑把に見るであろうか。すべての異邦人が「みだらな行為にふけり、あらゆる類いの汚らわしいことを貪るようにしたがる」であろうか。彼らは皆「神の生命から遠ざかって」いるであろうか。「失われた二〇億人」〔不詳〕と呼ばれる彼らすべてが「あらゆる類いの汚らわしいことを貪るようにしたがる」であろうか。この書簡の筆者の精神において異邦人とは誰のことを意味していたのであろうか。今日の世界における異邦人は誰のことであろうか。こうした人間観は当時と現代双方における神学的に正しい唯一の異邦人観であろうか。

たとえば、今日のタイに住むタイ人は異邦人であろうか。その通り。彼らがユダヤ人でないのは確かだ。「異邦人」という語のキリスト教的用法が「非キリスト教徒」だとすれば、タイ国民の大多数はキリスト教徒ではない。彼らは仏陀の信従者である。だとすれば、パウロのこの痛烈に否定的な文章はタイ国民にあてはまるのであろうか。彼らは「無益なことに頭を使って」生きているのであろうか。「知性が暗愚になる」ままに生きているのであろうか。「神の生命から遠ざかっている」のであろうか。「良心が鈍くなってみだらな行為にふけっている」のであろうか。「あらゆる類いの汚らわしいことを貪るようにしたがる」のであろうか。然り、四千万人のタイ国民の間にもそんな人が多少はいるに違いない。どの国でも状況は変わらないはずだ。連合王国〔英国〕、ソ連、日本、ドイツ、インドネシア、マレーシアなど、どこの国でも同様だ。われわれは正直に、パウロの言葉にあるように、異邦人たるフィジー[18]国民について「良心が鈍く、みだらな行為にふける」民だとか、あるいは異邦人たるビルマ国民について「あらゆる類いの汚らわしいことを貪るようにしたがる」民だと言えるであろうか。わたし個人としては、そのように思い感じることはとうていできない。「異邦人的」モラルや霊的生をもっぱらこうした否定的な見方で染め上げることなどできるわけがない。タイ王国において多種多様な慈悲の業が仏教修行僧によって行われてきたし、また現に行われていることを、わたしは見てきた。彼らは「あらゆる類いの汚らわしいことをしたがる貪欲」との闘いに霊的エネルギーを傾注している。神の霊は異邦人の諸国の間でも働いているのである（マタイ福音書一五章二一―二八節、使徒言行録一〇章一、二節。一三章四四―四九節）。

したがって、上に引用したフレーズはおそらく、「異邦人の中にはあらゆる類いの汚らわしいことを貪るようにしたがる者たち」がいるということを意味している。あるいはおそらく筆者は、異邦人的な生活現実のモデルの一例となりそうな、特定の異邦人共同体のひどく堕落した道徳的状況を念頭において語っているのであろう。彼の歴史的および地理的経験は、当然のことながら彼の属する歴史的時期と地理的文脈に限定されている。したがって、彼のメッセージを直線的にかつ概括的に解釈すれば、一九七五年のアジアで宣教に従事しているわれわれにとって重大な宣教学的諸問題を引き起こすことになる。

もしもわれわれが上の文章を異邦人の道徳的および霊的現実が「神の目から見て」このようなものであることを意味していると解するなら、ここでなぜことさら異邦人たちが取り上げられたのであろうか。聖なる神の目から見れば、われわれすべては聖ならぬ存在である。同時にそのこととの関連でわれわれは、歴史について深く気遣う神が罪深い人間によってなされる善（慈悲の業と言ってもよい）を全く評価しないのかという問いを問わなくてはならない。神は「異邦人の徳」に全く関心を持たないのであろうか。異邦人的価値観のすべてがアブラハム、イサク、ヤコブの神によって断罪されるべきであろうか。イエス・キリストの父なる神は、かくもあら探しの好きな神なのであろうか。

わたしの理解によれば、エフェソの信徒への手紙四章一七―一九節の勧告は「神の道」（使徒言行録一八章二六節）の信従者たちに対して語られたものであって、一九七五年にわれわれが見るタイの仏教徒やインドネシアのイスラム教徒に対して語られたものではない。実際エフェソの信徒への手紙に記された異邦人たちの性格や生き方と現在タイ王国でわれわれが共に平和的に暮らしているタイ人の仏教徒たちとの間には歴史的および宗教的文脈の著しい相違がある。しかしわたしはこれらの新約聖書の詞章とわれわれすべてとの間には、間接的ではあるが意味深い関係が現に存在していると思う。

第三例は使徒言行録四章一二節からとられる。「この名のほかに救いはない。なぜなら天下にわれわれがそれによって救われるべき名は人間のあいだに与えられてはいないからだ」。私見ではこの詞章とマタイ福音書二八章一九節は、イエス・キリストの生涯と福音宣教活動についてわれわれが得ている知識の文脈に照らしてテクストに傾聴することをしないために非常な不利益を蒙ってきた。このことがきわめて不運な結果を招いたのは、教会が海外宣教神学を理解するに際して「キリスト論的熟慮」を省いてきたからである。マタイ福音書二八章一九節については後章で論じたい。

使徒言行録四章一二節は、神殿守衛長、長老、律法学者、および大祭司とその一族の前でペトロが行った証言の一部である。「ペトロは聖霊に満たされて彼らに語った……」（五―八節）。この決定的かつ感銘深い言説はわずか四節の枠内で語られている！　この短い四節でペトロはイエス・キリストの名の意味の解明に精魂を傾けている。事実、ペトロの使徒的メッセージ全体はイエスの名の解明に集中しているのだ。

民の議員方、また長老の方々、わたしたちがこうして取り調べを受けているのが足の不自由な人になした善行と、この人が癒された方法についてであるとすれば、あなたがたすべてとイスラエルの民全体にぜひ知っていただきたい。彼がナザレ人イエス・キリストの名によって癒されたのだということを。（ここでキリスト教信仰の力強い使徒的要約が語られる！　その信仰はイエス・キリストの名と関係がある。いったいどのような名であろうか？）あなたがたが十字架につけて死なしめ、神が死から復活させた人の名によって（ほかならぬ十字架につけられて死に、復活した人の名によって！）、彼によって（この「彼」のもっとも根本的な自己同一性は十字架につけられ、復活させられたという二語によって定義されている）癒された人があなたがたの前に立っているのだ。これこそあなたがた家造りら（すなわちたいへん熱心で臨機応変の才に富む宗教造営者たち）によって捨てられたが、隅の親石となった石である（四章九―一一節）。前記の一二節はこのあとに来る。

十字架死を遂げて復活した名について語る唯一の方法は、キリストの十字架死と復活に参与することによる。もしもわれわれが「この名のほかに救いはない。なぜなら天下にわれわれがそれによって救われるべき名は人間のあいだに与えられてはいないからだ」と世に宣言したければ、われわれの全人生が、あの足の不自由だった人同様に、この十字架死を遂げて復活した名によってつかまれていなければならない。われわれはわれわれをつかんでいるお方について証言する。かくしてわれわれはかつて足が不自由だったが、今、「あなたがたの前にすっくと立っている人」として〔イエスの〕証人である。アジア宣教史の文脈において、十字架の死を遂げて復活したイエスの名によって「つかまれている霊性」という次元が、イエス・キリストの名の「絶対性」と「排他性」についての脱・霊性的なドライな神学論によって窒息させられている。アジア人は、四章一二節がほかならぬ「排他性原理」について説いている、と常に臨機応変の才を発揮する宣教師や神学者によって教え込まれてきたのだ。聖霊に満たされたペトロがわずかに「排他性原理」についてのみ語ったと信じているのか。ペトロは十字架死を遂げてのち復活した人の名について語っているに違いない。聖霊によって「イエスは主なり」と語っているのだ（コリントの信徒への第一の手紙一二章三節）。「排他性原理」と「十字架上で死んで復活した人」、この二者の相違は大きい。そもそも原理なるものは「概括的」で予定的かつ飼い慣らされやすいものだ。このようなものが使徒言行録四章五―一二節の中心なのであろうか。

一二節が「排他性原理」を裏づける「証拠」として解釈されるならば、さりげない仕方で行われる、十字架上で死んだのち復活した人の名の人間的状況へのドライで直線的な応用にすぎない。直線的応用は抽象的であって、生命賦与的ではなく、建徳的でもない。したがって、脱・霊性的であり、非人間的な応用である。

仏陀の名は霊感を与える名である。霊的覚醒と魂の究極的静謐の高い価値づけと帰属共同体の生の営みにおける平穏な慈悲の実践を象徴する。仏陀は善き名であり、秀でた名であり、美しい名であり、高潔な名である（フィリピの信徒への手紙四章八節参照）。こう言うと反論が上がる。

とんでもない！　イエスの名のほうがはるかに善く、はるかに秀で、美しく、高潔な名ではないか！　われわれはこの種の「神名美人コンテスト」には飽き飽きしている。確かにイエスの名は善い名だ。秀でた名だ。美しい名だ。高潔な名だ。だが、待てよ。これらの美名の前に来るものがある。イエスの名は十字架につけられて死に、復活した名だ。十字架につけられて復活した名は「神名美人コンテスト」への参加には興味がない。考えるだにぞっとするほどだ。逆である。「取って食べなさい。これはわたしのからだです」と言った人の名だから。この言葉を言ったあと、彼は杯を取り、神に感謝して弟子たちに分かち与えた。こう言い添えて、「一人残らず飲みなさい。これは多くの人の罪の赦しのために流されたわが契約の血です」と（マタイ福音書二六章二六―二八節）。彼の名は「多くの人のためにみずからの血を流した」生命を象徴しているのである。

とはいえ、使徒言行録四章一二節は「排他性原理」について語ってはいないだろうか。「ほかの誰によっても」「この名のほかには」と言っているではないか。われわれがあらゆる機会に、包み隠さず、力強くこう言わないなら、福音の力を水で薄めることにならないか。「多くの人のためにみずからの血を流した」人の無比の名は、「多くの人のためにみずからの血を流した」われわれの生き方によって真摯にかつ謙虚に言及されなければならない。使徒言行録四章一二節はいわば高電圧をはらんだ危険な詞章である。今日の東南アジアにおいては特にそうである。ゆえにわれわれは不注意に近づいてはならない。さもないとわれわれ自身と他の人々を感電死させる。しかし、われわれのうちいったい誰が、底知れぬ深い愛と配慮をもって「多くの人のためにみずからの血を流した」キリストのような質の生き方をしているであろうか。われわれすべては罪深い、利己主義的で独善的な人間ではなかろうか。とすれば、われわれにとって、使徒言行録四章一二節の十字架につけられて死から復活した人の名を想起するごとに悔い改め、常に悔い改めつつ生きる以外の生の可能性はあるであろうか。われわれは「この名のほかには」救いはないと人々に語りたいであろうか。われわれの生き方が「多くの人のためにみずからの血を流した」と言える質を帯びているならば、そうしたいであろう。われわれの生き方がこの無比の名の前で深い意味で悔い改めの生であるならば、そうしたいであろう。さもなければ、われわれは脱・霊性的で非人間的な神学に夢中になっている！　キリスト教信仰は生けるリアリティである。それは聖書の詞章の直線的な引用以上の滋養分を必要とする。「読書をしたり思索をしたりすることではなく、生きること、死ぬような経験をすること、および地獄堕ちを宣言されることが一人前の神学者を形成するのだ」（ルター）。

イエスによって癒され、人間性を取り戻したゲラサ人の精神錯乱者に対して、イエスは言った。「家に帰り、家族に、主があなたを憐れみ、あなたにしてくださったことをことごとく話しなさい」（マルコ福音書五章一九節）。ここでわたしはアジアの民衆の中にいる今、十字架につけられ、死から復活した人の憐れみについて話したい。これこそが「この名のほかには」を排他的原則としてではなく、神の愛の動力学的な贖罪愛的リアリティとして指し示す、はるかに建徳的な方法であることがわかったので。わたしは不必要な躓きの石と真正な躓きの石を区別する。前者をわれわれは絶えず造り出している。後者はわれわれに与えられるもので、それを管理する権利はわれわれにはない。使徒言行録四章一二節の直線的な応用は多種多様な躓きの石を造り出してきた。〔われわれが直線的応用の弊を犯さなければ〕この詞章が真正の躓きの石になることはきわめてまれである。

　聖書がわれわれに告げる真理は救済的真理である。この救済的真理は媒介された真理である。媒介者の名はイエス・キリスト、十字架につけられ、死から復活した人である。「……神は唯一であり、神と人々との媒介者も人なるイエス・キリストお一人である。この方はすべての人の贖いとして御自身を献げられた。……」（テモテへの第一の手紙二章五、六節）。聖書的真理は手つかずの真理ではない、苦しみに耐えた真理である。救済の真理は人間と深く関わり合う（接触する）ゆえに苦しむ。十字架には把手がついていない！　イエスは十字架を担って行く。われわれ人間の実存の深みへ語りかける。われわれを、把手なき十字架を担うように招く。「概括的かつ直線的な」心性は十字架につけられた精神によって挑戦されるのである。

「……ところがまだ家から遠かったのに、父は息子を見つけ、憐れに思い、走り寄って首を抱き締め、接吻した」（ルカ福音書一五章二〇節）。放蕩息子はその場で立ったまま、父によって抱き締められ、接吻された。息子は立ったまま、父に抱き締められて、救済的真理が彼をしっかりと抱擁するのを経験した。

第8章　唾を吐きかけられたイエス・キリスト

「……彼らはイエスの前に跪き、嘲弄して……唾を吐きかけた。……」（マタイ福音書二七章二八―三一節）

イエス・キリストが唾を吐きかけられて最後を遂げたことは、「唾を吐きかけられた司教たち」「唾を吐きかけられた神学」「唾を吐きかけられた福音主義」「唾を吐きかけられた人種差別反対闘争」「唾を吐きかけられた諸教会」……を指し示している。

「最後を遂げたこと」という語はわたしを怯えさせる。かつてわたしは、タイにおける野心的な講演で「イエス・キリストの最後」について話した。この神学用語をわたしは「最後の人、イエス・キリスト」とか「最後に現れた人としてのイエス・キリスト」という意味のタイ語に訳した。イエス・キリストとタイの国王を平行させて説明し、いずれも〔それ以上の高位はない〕「最終的な」人物を意味する最後の人のことである、とした。善意の会衆はキリスト教と君主制は末期《まつご》にある！と想像した。まもなく彼らは、国王は最後の人（最後の位階の人）ではなく、最初の人（第一の位階の人）であると言って反論した。即座にわたしは「最後」を「第一位」に変えなければならなかった。わたしの習い覚えた神学的用語集と前夜意識的に用意した、それに対応するタイ語フレーズ群とは混乱を来した。

わたしのタイの友人たちはローマの信徒への手紙五章六―八節が含意する物語に進んで耳を傾けてくれた。「わたしたちがまだ無力だったころ、キリストは時いたって不信心な者たちのために死んでくださった。義人のためにすら死ぬ者はほとんどいまい。善人のためならあえて死ぬ者がいるかもしれない。しかしわれわれが罪人だったときに、キリストがわれわれのために死んでくださったことによって、神はわれわれへの愛を示してくださったのである」。彼らはマタイ福音書五章四五節「……神は善い者にも悪い者にも太陽を昇らせ、正しい者にも不正な者にも雨を降らせる」を聞くのを喜ぶ。聖書はアジア人を魅惑する物語に満ちている。これらの物語はすべてわれわれを「キリストを知る知識の香り」（コリントの信徒への第二の手紙二章一四節）へと招いてくれる。しかしもしキリストのメッセージが国粋主義的キリスト教、つまり「優越主義的キリスト教」「最良の宗教としてのキリスト教」「最終的位階のキリスト教」に定式化されたとしたら、彼らは直ちにわれわれのキリスト教理解に、傲慢さ、浅薄さ、および反宗教性を嗅ぎ分けるであろう。

キリスト教が他の諸宗教、たとえば仏教、ヒンズー教、イスラム教と比較して優秀な宗教であると言うことは、日本料理がインド料理やイギリス料理より優れていると主張するようなものである。ここでは「優秀」という語はふさわしくない。そそっかしさが感じられる。むしろこう言うべきだ、日本料理（あったかいご飯にお刺身）はアメリカ料理（マッシュポテト、七面鳥のドラムスティックとその肉汁）とは違う、と。わたしの好みとしては鮪の刺身がいいが、だからといってそれは日本料理がアメリカ料理に優るということを意味してはいない。両者は違うのである。「優れている」（superior）は比較上の概念である。この車はあの車より良い、の例のように。とすれば、おそらく世界の複数の大宗教を「客観的に」（！）比較してどちらがどちらより優れているか決めることができなければならない。「しかし比較する前に比較対象を熟知していなければならない」（マックス・ミュラー[19]『ルナンへの手紙』一八八三年）。かくも途方もない宿題をやり遂げるためには、比較対象の諸宗教に関する広大な知識と深遠な宗教的経験を持つだけでは十分ではない。一つの宗教が他の諸宗教よりも優れている、あるいは最善の宗教であると厳かに宣言するためには、オリンポス山の頂上に立たなければならない。われわれのうち、かかる超人的課題を果たしうる能力を持つ者は一人もいない。実際、われわれが宗教的献身に貫かれた生を生きているとして、このような企ては、無意味かつ無用である。車同士を比較することはできる。しかし宗教的真理および宗教的生の鮮烈なリアリティを比較することは、それとは次元の異なることである。

ゴータマ・ブッダ〔釈尊〕が今日の仏教と大いにかかわりがあるということは事実である。イエスと呼ばれる人が約二千年前にローマ帝国の片隅で生きたということも事実である。ムハンマドが五七〇年に誕生したということも事実である。われわれはこのような事実を驚くほどたくさん増やすことはできる。しかし宗教的生はこの種の事実の総計に基づいてはいない。これらの事実のすべてよりももっと深い所に根差す何ものかである。この「もっと深い何ものか」は「客観的に」比較されることを拒む。宗教的献身の生は、マルティン・ブーバーの用語を用いれば、「われ－汝関係」比較されることを拒む。宗教的献身の生は、マルティン・ブーバーの用語を用いれば、「われ－汝関係」（わたしと仏陀、わたしとアッラー）の世界に属しており、「われ－それ関係」（わたしと机、わたしと車）の世界に属してはいない。「それ」は比較のカテゴリーで扱うことができるが、「汝」はそのように扱うことはできない。わたしはこの「それ」とあの「それ」とを比較することはできるが、この「汝」とあの「汝」を比較したいと思うと、全く異なる状況に直面せざるをえない。わたしは前者の状況を「取り扱う」ことはできるが、後者のそれを取り扱うことはできない。後者は、人格的出会い、意味、および献身の誓約からなる関係性を指し示すゆえに。仏教徒は仏陀を信仰する。自分に向き合う「汝」として仏陀に出会う。宗教的信仰は「それ化」されえない。「それ化」されることを拒むものは客観的比較の対象にはなりえない。

とはいえ主観的比較の対象とはなりうる。「主観的比較」は比較という概念になじまない。主観的比較は他の宗教的諸信仰の自己中心的および自惚れ的観察に堕すのが通例である。自惚れは十字架につけられた精神と矛盾する。「キリスト教以外のすべての宗教は劣った宗教である」と言うことは、性急で「能率本位の」判断ではあるが、十字架につけられた精神による見解ではない。ほぼ二〇世紀もの間、キリスト教徒は偉大なシェマアを有する他宗教の信徒たちについて綿密に調べることもせずに、性急に判断し、キリスト教は他の諸宗教より優れていると宣言してはばからなかった。このことはキリスト教の福音宣教に役立つよりはむしろ有害だった。

仏教徒にとって「仏陀以外に〔悟りに導く〕名はない」と同様に、キリスト教徒にとって「キリスト以外に〔救いをもたらす〕名はない」。またイスラム教徒にとって「ムハンマド以外に〔アッラーを完全に啓示する〕名はない」。かかる霊的な献身状況は、「より優れている」とか「最善の」といった比較上の言葉によって記述され、体系化されえない。キリスト教徒が自分たちの信仰を他信仰より優れた信仰だとか最善の信仰だとか称することをやめたとて、失うものは何もないであろう。こうした形容詞はサウル王が少年ダビデの身に着けさせようとした鎧《よろい》（サムエル記上一七章三八、三九節）さながら、教会の霊的生命にとって無用の長物である。

ある日、わたしの友人の宣教師が、わたしの役に立つだろうと、キリスト教の優越性を証明する議論を念入りに展開してくれたことがある。それによると、キリスト教がヒンズー教に優る理由は、後者が多くの偶像を有するのに対して、前者はそうでない！という点にある。ヒンズー教の偶像の中には甚だグロテスクなものがいくつか含まれているということを彼はことさら強調した。真の生ける神を礼拝することを教える宗教は偶像への忠誠を教える宗教より優れていることは自明のことだ、とその友人は主張した。わたしは彼の真摯さに深く感動した。しかしこうした文脈で彼が「優れている」という言葉を用いていることにはやはり納得し難いものを感じていた。キリスト教の視点から見れば、偶像崇拝（むろんキリスト教的定義によって規定された礼拝と偶像である）は不健全な宗教的慣習であり、それゆえに「劣っている」。しかしヒンズー教の視点（むろんヒンズー教的定義に規定された礼拝・偶像観を伴う）から見れば、偶像崇拝は健全な宗教的慣習であり、それゆえに「劣った」宗教的活動ではまったくない。両宗教の間には宗教史と宗教的経験の差異がある。キリスト者は、かかるヒンズー教的な礼拝・偶像の定義はそれ自体誤っている、と言うかもしれない。しかしヒンズー教徒であるということは、ヒンズー教的な宗教的経験とその諸表現に慣れ親しんでいるということを意味している。イスラム教的視点から見るならば、キリスト教会内で聖像などが用いられていることは偶像崇拝的心性の証拠である。

イエス・キリストにおいて神は、最終的な救済計画、最終的真剣さ、最終的な愛の顕示、および最終的供犠を伴ってわれわれのもとへ到来した。ほかならぬこれはキリスト教徒の信仰告白の内容である。神学者たちが「キリストの終末論性」という神学的用語で表現しているこの物語は、物語志向的な十字架につけられた精神によって物語として語られなければならない。キリストが実行したのはまさしくこれである！

ヨハネは牢獄の中でキリストのなした諸々の業について聞くと、弟子たちを遣わしてイエスに尋ねさせた。「あなたは来たるべきお方でしょうか。それともほかの方を探すべきでしょうか。イエスは答えて言われた。「行って、ヨハネにあなたがたが聞いたこと見たことを伝えなさい。目の見えない人は見えるようになり、足の不自由な人は歩けるようになり、重い皮膚病の人は清められ、耳の聞こえない人は聞こえるようになり、死者は生き返り、貧しい人々は福音を告知されている。わたしに躓かない人は幸いである」。

（マタイ福音書一一章二―六節）

バプテスマのヨハネは獄中にいた。獄から彼は、あなたは来たるべきお方ですか？とイエスに質問状を送った。ヨハネは幽閉され、苦しんでいた。彼は己の使命に挫折して深い幻滅と失意を感じていたに違いない。己の周囲に闇が濃くなりつつあると感じていたに違いない。イエスが本当に来たるべきメシアかどうか知りたくて堪らなかったのだ。彼の全生涯と使命はこの唯一の問いに対する答えいかんにかかっていた。然り。彼はイエスをこう紹介していた。「わたしはその方より先に遣わされた者だ。……その方は盛んになり、わたしは衰えていかねばならない」（ヨハネ福音書三章二八、三〇節）と。獄壁内に閉じ込められた身でヨハネは、イエスの活動について聞くうちに、自分あてのイエスの言葉を聞きたくなった。イエスの答えは単純率直なものだった。メッセージはメシア時代が到来しつつある事実そのものを記述し、次のような一つの重要なセンテンスで閉じられていた。「わたしに躓かない人は幸いである」。キリストの最終性、究極性に関する問いがまず最初に獄壁内の囚人によって発せられた！ということは重要である。空調完備の大学図書館内や絨毯の敷きつめられた神学校のラウンジ内で行われるこの問題についての議論は、「獄中神学」というこの原初的文脈に関連させられるときにのみ、意味深いものとなるであろう。

彼こそが来たるべきお方だったとして、しかしそれをどうして知るのか。「行って、ヨハネにあなたがたが聞いたことと見たことを伝えなさい」。驚くべき神による回復、〈帰属共同体への〉再統合、および病からの癒しが現に行われつつある！　だとすれば、イエスが来たるべきお方だということは自明的だというのか。自明的？　冗談じゃない！　全然違う。イエスに躓く人はいつだって大勢いる。イエスは彼に躓く人を強いて信者にさせようとはしない。ただ「……ない人は幸いだ」「行って、ヨハネにあなたがたが聞いたことと見たことを伝えなさい」と言うのみ。これは途方もない次元を含む通常の聞く、見るである。あなたは聞いていますか。見ていますか。「……ないあなたは幸いだ」。「イエス・キリストの究極性」は、反論を許さぬ聖書からの引用文を百ほど並べてみても、証明されえない。それは「客観的な諸証拠」の提示によって確証されうるような思想や所論ではない。「……ない人は幸いだ」という領域にそれは属している。われわれの通常の聞くと見るが、途方もない聞くと見るによって浸透されるときに、それは生起する。「ついでイエスは『聞く耳のある者は聞きなさい』と言われた」〈マルコ福音書四章九節〉。不細工な言い方になるが、これこそ、キリスト自身が「キリストの最終性、究極性」についての議論を展開する流儀なのである。

読者はヨセフの夢を覚えておられるであろうか。ヨセフの麦束がどのように立ったか。今日に至るまで、キリストの究極性についての議論は、圧倒的に、ヨセフが甘美な夢で見た「わたしの束が立った」式神学の枠組内で体系化されてきた。したがって他のすべての宗教はすっくと立ったキリスト教に頭《こうべ》を垂れることになる。しばしばこうした考え方は家父長制的‐植民政策的感情および語法によって補強されてきた。一例を挙げると、一九七五年（！）においてすら、われわれはイエス・キリストの究極性の主唱者たちの口から、アジア人は宣教師によるキリスト教教育なしに道徳的生き方の意味を知りえないという主張を聞かされるのだ。今日のキリスト教徒たちはどれほど深刻に彼らが依然として快いヨセフの夢を見ているか気づいていない。イエス・キリストが必ず到来すると約束されているお方であるということが、十字架につけられた真理である。それは比較宗教学的研究によって確証されうる類いの通常の真理ではない。「しかしわたしについて言えば、われらの主なるイエス・キリストの十字架以外のものを誇りにしてはならない。主の十字架によって世はわたしにとって、わたしは世にとって十字架につけられているのです」（ガラテヤの信徒への手紙六章一四節）。われらの主なるイエス・キリストの十字架に起源を有する、こうした新たな自己同一性は必ず来ると約束されているお方を指し示している。十字架につけられた真理は、十字架につけられた精神によって宣べ伝えられなくてはならない。

「二、三人わが名によって集められる所、その只中にわたしはいる」（マタイ福音書一八章二〇節）。これは教会にのみ与えられた約束ではない、タイ、香港、スイスその他の国々における宣教学的状況のすべてに与えられている約束でもある。「わが名によって」の名は苦しみを引き受けた方の名である。「この他に〔救済をもたらす〕名はない」は苦しみを引き受けた方の名を意味する。「……彼らはイエスの前に跪いて嘲弄した、……唾を吐きかけ、……衣を剝ぎ取った……」（マタイ福音書二七章二八―三一節）。イエスが嘲弄され、唾を吐きかけられ、衣を剝ぎ取られたとすれば、彼の「究極性」が嘲弄され、唾を吐きかけられ、衣を剝ぎ取られたのである。とすれば、「嘲弄された究極性」はキリスト論的な究極性にほかならない。しかしながら、「嘲弄された究極性」と「唾を吐きかけられた究極性」は通常の究極性概念、つまり第一義性概念でくくることはできない。

イエスが「来たるべきお方」であるということ、「この他に……名はない」、および「二、三人わが名によって集められる所、その只中に……」という三つのセンテンスは、自分を嘲弄する者を救う、自分に唾を吐きかける者を清めるイエス・キリストを指し示している。イエス・キリストの究極性――何という非凡な究極性概念か！――は、われわれによって明確に表現されるようなものではなく、われわれをぐいっとつかむ真理である。教会と海外宣教組織（ミッション）は共に生命力をこの名から汲んでいる。唾を吐きかけられたイエスは唾を吐きかけられたイエスの究極性、第一義性を意味している。したがって、それは「唾を吐きかけられた司教たち」「唾を吐きかけられた神学」「唾を吐きかけられた福音主義」「唾を吐きかけられた人種差別反対闘争」および「唾を吐きかけられた諸教会」を意味しているはずである。キリストの究極性と「唾を吐きかけられること」とは相伴う！　キリストの栄光と「唾を吐きかけられること」とは相伴う！　このような究極性概念は家父長制的心性とは相容れない。家父長制的心性にとって受け入れられないものがあるとすれば、それはこの唾を吐きかけられることだ。「使徒的であること」は「唾を吐きかけられる覚悟ができていること」を意味する。「わたしたちは今に至るまで、世の屑、すべてのものの滓《かす》の扱いをされています」（コリントの信徒への第一の手紙四章一三節）。歴史は他者に唾を吐きかけることと他者から唾を吐きかけられることという二つの傾向から研究されうる。歴史は前者によって表面的に触れられ、後者によって深く触れられる。教会史学と宣教学は後者に根を下ろしていなければならない。万物の長子にして死者の長子たる者〔イエス・キリスト〕は後者の道を通ってわれわれのもとに来たからである。わたしは主張する、教会がアジアにおける他宗教と霊的伝統に唾を吐きかける程度に比例して、みずからが意図するアジア人とアジア史に対するキリスト論的影響において表面的になる傾向があり、他方、教会が唾を吐きかけられる程度に比例して宣教活動において生々溌剌となり、歴史において癒し的有効性を現す、と。

ピラトの前におけるイエスはわれわれを戸惑わせる。「祭司長たちは多くの罪状でイエスを告発した。そこでピラトは再びイエスに問うた。『何も答えようとしないのか。彼らがあれほど執拗にあなたを告発しているというのに』。しかしイエスがもはや一切答えようとしなかったので、ピラトは不思議に思った」（マルコ福音書一五章三―五節）。この瞬間はイエスにとって自己弁明と己の使命の弁明をなすべき時だったのではなかろうか。だがイエスは最後まで沈黙を通した。「初めに言《ことば》があった」とヨハネ福音書の冒頭に記されているにもかかわらず、ほかならぬこの言があたかも「初めに沈黙があった」と記されているかのように振舞ったのである。フィリポ・カイサリア地方で「イエスは弟子たちに自分がキリストであることを誰にも話すな、と厳しく命じた」。ここでもわれわれは戸惑う。なぜすべての人に救済の真理を告げ知らせないのか、と。もしかしてこれはイエスが己自身の「神的栄光」について声高《こわだか》に語られることを嫌っていたしるしではなかろうか。

〔イエスの〕「究極性」あるいは「卓越性」および「最善の宗教はキリスト教なり」という類いの言説は、「概括的な」所見に基づいてイエス・キリストについて語ろうと試みる気持が動機である。究極性、卓越性、および最善性といった概念は概括的評価の結果を前提にしている。しかし神学的認識は、データで把握することではなく、第一義的には恩寵によって把握されることである。十字架には把手《とって》のような便利なものはついていない！　神学的語法は、概括的、比較論的ではなく、象徴的、秘跡的、啓示的である。「いまだかつて神を見た者はいない。父の懐にいます独り子が神を啓示した」（ヨハネ福音書一章一八節）がゆえに。もしわれわれがイエス・キリストの「究極性」について語ろうとするなら、それが「嘲弄された究極性」「隠された究極性」すなわち「十字架につけられた究極性」にほかならないことを知らなければならない。神の独り子は、彼自身の命をわれわれのために献げたときに、われわれに神を啓示したのである。

「嘲弄された究極性」の神学を東南アジアの生活現実にかかわらせてみよう。東南アジアの伝統的な生活様式、価値観、人間関係の営み方、教育、運送、政治的組織等々は西欧文明が持ち込んだ肯定的価値観と否定的価値観の両者によって崩壊させられつつある。この危機的、歴史的時期において、東南アジア諸国民は計り知れない神学的重要性を帯びた二領域に巻き込まれている。こうした状況を新約聖書の語法で表現してみると、第一は「汝、穢れた霊よ、この人から出て行け！」（マルコ福音書五章四節）によって規定される領域である。第二は「人はパンだけで生きるのではない、神の口より出るすべての言葉によって生きる」（マタイ福音書四章四節、申命記八章三節）によって規定される領域である。

貧困に打ちのめされ、労働で搾取されている東南アジアの民衆は叫んでいる。「この国から出て行け、汚職、圧迫、搾取、およびインフレーションの穢れた霊よ！」と。汚職が国民経済と道徳を麻痺させているとき、穢れた霊の業は間違いなくそこに働いている。一日一〇時間労働をしている二〇歳の女性は日給わずか五シンガポール・ドルである。富裕階級は一般大衆の人間的尊厳を犠牲にしてますます富裕になる。「汝、穢れた霊よ、この人から出て行け！」。〔聖書の中で〕この一節ほど欲求不満に苦しむ労働者大衆の心に寄り添いうる言葉はほかにない。穢れた霊が強力で、容易に出て行かない現実を彼らは経験している。しかし労働者大衆は「……出て行け」と言うのをやめることを拒んでいる。途方もない欲求不満の中で彼らは「望むべくもないのにあえて望みを持つ」。ここにはキリスト教的世界の伝統的文明とはまったく異質な「キリスト教文明」の現実がある。労働者大衆が穢れた霊の祓いを叫び求めるとき、彼らはイエス・キリストの悪魔祓いに参加しているのではなかろうか。これは偉大な霊的闘いと覚醒のしるしではないか。彼らが搾取者たち――然り、相手は冷酷な搾取者たちだ――に向かって、「汝、穢れた霊よ、この人から出て行け！」と叫ぶとき、彼らは、その名を知らなくとも、イエス・キリストを指し示しているのではなかろうか。然り、彼らはイエス・キリストの名を知らない。にもかかわらずイエスの名はそこに実存し、その名は十字架につけられた人の名である。この名、嘲弄された名、唾を吐きかけられた名こそ――なんと驚くべき、なんと不思議なことか！――悪しき名たちを追い払う名にほかならないのだ。その名は悪しき権力によって嘲弄される、しかし――いやむしろそれゆえに！――悪の力に対抗し、それを虜《とりこ》にしうるのである（コリントの信徒への第二の手紙一〇章三―五節）。嘲られる名こそそれを唱えることによって悪しき名たちを追放しうる名である！

近代化は東南アジアの民衆に対する影響において二義的である。「石」であり、「パン」でもあるからだ（マタイ福音書七章九節）。労働者大衆は近代化の影響の「パン」的性格に気づいている。近代化の結果、利用できるようになった交通手段は病む子供を一五キロ先の病院へ届けることができる、晴雨にかかわらず。これは「パン」効果だ。どこへでも携帯可能な日本製のトランジスター・ラジオのお陰で、労働者大衆も、経済的、政治的、人種問題的、テクノロジー的、および国内外の状況についての情報に接することができる。これも「パン」効果だ。彼らの情報摂取は驚異的増加を示してきた。能率的な印刷機のお陰で、良質の教科書を何百万人もの東南アジアの子供たちが使えるようになった。教育は普遍化され、質も向上している。これまた新式窯で美味しく焼かれた「パン」である。テクノロジーは水道水を庶民の台所に入れた。電話は距離の遠近を根絶した。東南アジアの民衆はあらゆる類いの新型窯で焼かれた近代化「パン」を賞味し始めている。

新型窯で焼かれた「パン」は、「人はパンだけで生きるのではない。神の口より出るすべての言葉によって生きる」という聖句の文脈に置かれている。人類の文化的文脈の一つ一つは「神の口より出る」固有の「言葉」を有している。ときにはそれは人間の良心の声であったり、共同体の長老たちの合意であったりする。またときには仏教やイスラム教その他の宗教の基本的な信条であったりする。それぞれの生ける文脈において、新型の窯で焼かれた「パン」は吟味される。それはどのようにして神の口から出る「すべての言葉」による吟味に耐えるのであろうか。「パンのみ」では十分ではない。「パンのみ」は人間の霊性の福祉にとって危険ですらある。「着る物のみ」では猥褻になったり、倒錯になったりする。「住まいのみ」では霊的浪費とも言える豪勢な館趣味に堕す。「性差のみ」は理性を麻痺させる性差別に堕す。「お金のみ」

は反人間的な搾取的利己主義になり、「脳のみ」は人間の知性を崇める危険な偶像崇拝となる。「仕事のみ」はみずから仕事に仕える奴隷制に堕し、「テクノロジーのみ」は人間らしい暮らしに対する脅威となる。「権力のみ」は抑圧的社会を造り出す破壊力となり、「宗教のみ」は独善的な人間関係に堕す。パン、着る物、住まい、性別、金銭、脳、仕事、テクノロジー、権力および宗教は「神の口より出るすべての言葉」によって解明され、判断されなければならない。わたしはこのことが明示的な聖書の神の言葉から離れて生起すると言っているのではない。東南アジアの民衆がこの「人はパンだけで生きるのではない……」という問題と真剣に取り組んでいるとき、彼らは必ずしもイエス・キリストの名を意識的に連想しているわけではない。にもかかわらず彼らがしているのは深い意味で聖書的な神学的議論なのである。なぜならそれは地球上における人類の根本的福祉にかかわる議論だからである。イエス・キリストの名はそこに存在している。信仰告白としてではないけれど。ではどこに？　人間の暮らしのこれらの具体的な状況のすべてにおいて、イエス・キリストは深い意味でそこに居合わせている。なぜならその名が、唾を吐きかけられた究極的栄光を意味するお方がその現場に到来し、留まるのをやめさせることはできないからである。もしも彼の名がただ「究極的栄光」（「わたしの束が中心に立った」少年ヨセフ）を象徴しているにすぎないならば、〔民衆の虐げられた被搾取状況に〕留まるのをやめさせることはできる。しかし嘲られ、唾を吐きかけられた主イエスの行く手を阻むことができる人など一人もいない。唾を吐きかけられた主こそ普遍的な主である！　彼を怯えさせる状況などありえないからだ。

「さて収税人や罪人たちがイエスの話を聞こうと近づいてきた。するとファリサイ人や律法学者たちが『この人は罪人たちを迎え入れて、彼（女）らと食事を共にしている』とつぶやくように言った」（ルカ福音書一五章一、二節）。イエスは「彼（女）らと食事を共にする」行為によって彼自身の「究極的栄光」観を明らかにしたのである。われわれは比較によってイエスの究極的栄光性を確証すべきであろうか。何らかの神学的証拠を提示することによってそうすべきであろうか。だがイエスのために彼の究極的栄光性を確証することはわれわれのなすべきことではない。「いったい誰が主の心を知っていたか。誰が主の相談相手を務めたか」（ローマの信徒への手紙一一章三四節）。われわれは生ける主の力によって捉えられている。われわれの信仰の土台は、われわれ自身がそれを据えたのではないゆえに、無限に揺るがない。唾を吐きかけられた究極的栄光は十字架につけられた栄光である。イエスの苦しむ究極的栄光（すなわち十字架）のうちに、われわれはわれわれの生が新生と復活の恵みに与る可能性を見出す。今やそれはわれわれに到来した！　われわれがそれを創造したのではない！　十字架に便利な把手などついてはいないのだ！

第9章　キリスト教は歴史を気遣う宗教であろうか

物語神学と理論神学の関係

神学教師コンプレックスがキリスト教的歴史感覚を腐食する。

複数宗教間状況において強調される神の公平無私性がキリスト教を歴史に引き寄せる。

ただ「行け」ではない。「……それゆえ行け」である。

キリストは十字架につけられているのか。それともキリストは他者を十字架につけているのか。

悔い改めることで、われわれはみずからの歴史意識を深める。

今夜われわれはバンコック（天人の都市を意味する）に滞在していると想像しよう。街角の中華料理店の一つに腰かけている、と。一〇バーツの価格のパトｰムｰプリアウｰワン（甘酸っぱい味のポーク）数杯分の炊き御飯を注文しよう。こうした「弁証法的」料理（甘いけど酸っぱい、酸っぱいけど甘い――なんと神秘的な味だろうか！）。われわれは東南アジアにおける神学と牧会・

伝道の職について率直な話し合いをするかもしれない。わたしが話をしている最中、わたしの大口に一、二匹の蚊が飛び込んでくるであろう！　以前経験したことだ。

奇妙なことだが、そして読者も聞いたらきっとたまげるであろう。キリスト教は歴史に関心がないという事実にわたしは気づきつつある。わたしが神学生だった頃、教科書と教師たちは、キリスト教が強烈に歴史的な宗教であるという思想を浴びせかけてきたものだ。キリスト教信仰は歴史に根差した信仰であり、聖書の神は歴史について気遣う出エジプトの神である。歴史に実在した人、イエス・キリストは受肉した神である。ナザレのイエスにおいて、神の救済意図は歴史内に成就された。わたしの教科書と神学教師たちは正しかったと思う。キリスト教信仰から歴史的次元を抜き去ったら、生ける体から血液を抜き去ったに等しい、と。

キリスト教信仰は歴史に根を下ろしている。それを歴然と示すのは、イエス・キリストが十字架につけられ、唾を吐きかけられた主であるということだ。しかしキリスト教と呼ばれる宗教はそれとは別様に振舞いうる。今日アジアでわたしが見たり経験したりしていることは、キリスト教が歴史に無関心であるだけではなく、「歴史に根差す信仰」が意味していることを理解しようと努めてもいないということである。キリスト教はアジアの歴史に表面的にしか接触していない。キリストがローマ帝国の兵士たちから唾を吐きかけられたように、キリスト教が実際アジアの人々から唾を吐きかけられたためしはない。

歴史とは何であろうか。わたしに歴史を定義する資格があろうとは思えない。医学者が実験用ラットを精密に調べるように、卓上に歴史を置いて凝視することはわたしにはできない。歴史はテレビジョン・セット内の配線構造とは異質な印象をわたしに与える。わたしの実感を言うと、歴史は生きていて、予知不可能で、希望と絶望の間を絶えず往復している。歴史は伝記的物語である。根本的に歴史は理論というよりはむしろ物語である。聖書は物語とかかわりがあり、理論とは無関係である。聖書的な神は物語神であって理論神ではない。歴史は把手によって持ち運びされていない限りにおいて物語でありうる。まさしくこの点で、わたしは歴史の神秘と興味津々さを見出す。

近過去一五年間、東南アジアの人々は「ドミノ理論」と呼ばれる（Made in USA の）東南アジア史に関する不変の世俗的理論の呪文下に生きてきた。つまり南ベトナムが共産圏側に移ると、次はカンボジアが、そしてラオス、タイ、マレーシア、インドネシアと、ドミノ効果式に次々と共産圏側につくという仮説だ。これは説得力のある主張だ。なぜなら歴史に、容易に外れない把手をつける結果となるからだ。ドミノ理論がナンセンスと言うつもりはないが、これが歴史上東南アジアに生み出したものは、東南アジア諸国の首都における判断力を麻痺させるような道徳的堕落にほかならない。その結果は波及してやまない汚職、労働大衆に対する冷酷な搾取、基本的人権の露骨な否定、次々と出現する全体主義的政府、政府による管理教育などである。ドミノ理論そのものが自己推薦しているわけではないが、数多くの「生気に満ちた物語群」を沈黙させ、政府高官の「知名度」に隠れてアメリカのドルを「ドミノ効果」で次々とスイス銀行に送り込んだ。

アジアは独自の歴史〔物語〕を持つ。だが、キリスト教〔イエス・キリストではない〕がこの物語に接近して、しばしば把手を取り付け、好きなように持ち運ぼうとした。アジア固有の物語は理論好き精神によって理論扱いをされてきた。物語が理論として扱われると、固有の生命を失う。キリスト教的生とキリスト教的神学理論とは不離一体でなくてはならない。しかし生が、物語が先立たなければならない。理論は物語の意味を明確にし、光を当てる役割しか持たない。理論は物語の歴史的および文化的文脈に根を下ろさなければならない。日本の伝統的な華道理論は、継続的に花と付き合ってきた経験に由来する。イギリスのデモクラシー理論は、民主政治史〔物語〕の長い経験に深く錨を下ろしている。物語〔としての歴史〕に外国産の理論が押しつけられると、明らかに物語は苦しむ。あえてここで一般論を試みると、今日アジアは歴史的に精力的な西欧理論とアジア的物語との間の葛藤を経験しつつある。海外福音伝道〔ミッション〕の領域において、このことはアジア人のキリスト教的経験の型取りをするのに西欧のミッション理論のいくつかが利用されてきたということを意味する。つまりアジア人キリスト者は彼ら自身の歴史的および文化的文脈から離脱するよう要請されてきたのである。アジアのキリスト教徒はしばしば彼ら自身の歴史的共同体内の文化的変人、さらには文化的モンスターですらあった！　こうした経験が、苦痛を伴うにせよ、刺激的であることは本当だ。苦痛と刺激は相関的概念である。だがそのことは、アジアの物語に外国製理論を不注意にかつ強引に押しつける言い訳にはならない。あらゆる類いの宗派本位の理論が、アジアのキリスト教徒の間にこうした歴史的疎外を造り出していることに、どれほど深い責任があるか、わたしは指摘しなければならない。

アジアにおけるキリスト教の歴史が全面的にこのように「扱われて」(been handled) きたわけではない、とわたしは急いで指摘しなければならない。事実、「把手なしの」(non-handled) 十字架につけられた精神の宣教学の感動的物語がいくつもあった。非常に多くのアジア人がイエス・キリストのうちに他者のために己を否定した人を見出した。アジアの物語とイエス・キリストの物語とが、ジャムナ川が壮大なガンジス河に合流するように遭遇し、融合した。アジアの物語群が物語として傾聴され、キリスト物語が物語として傾聴された。そして二系列の物語は合流して一つの河となった。しかし不運なことに、アジア・キリスト教史において理論はしばしば物語を攻撃した。そしてこの点ではアジア人自身にも責任がある。理論的精神は「賢い」かつ「強い」。しかも「臨機応変の才に富む」。滋養分に富む弁当箱がその象徴たりうる。様々な宣教場面を「扱う」(handle) 能力を有する。非常に多くの「正しい」答えと処理法を心得ているので、アジアの人々にとって退屈な代物と化している。もしもキリスト教が歴史と真剣にかかわるならば、アジア諸国民の物語に傾聴するであろう。その結果、アジア諸国民の間できわめて興味深い信仰となるであろう。

第二に、「賢く」て「強い」キリスト教は教えたがる。学びたくない。アジアの人々から学ぶことを望まないので、その分、歴史への関心の乏しい宗教となる。元来、教育はきわめて歴史的な過程である。「……神がこの四〇年にわたる荒れ野の生活からあなたを導き出したのは、あなたがたをへりくだらせ（ニュー・インターナショナル版およびエルサレム・バイブル、原義は「苦しめ」）て試み、あなたがたの心の中にあること、すなわち神の戒めを順守するかどうかを知ろうとしたためであった」（申命記八章二節）。もし宗教がこうした教育課程の外にいるなら、無気味な非歴史的性格を帯び始めるであろう。かかる宗教は「能率的」ではあるが、唾を吐きかけられた主の目から見ればおそらく「非有効性」の極みであろう！　歴史から離れていればいるほど、キリスト教の行動は「能率性」を増すであろう。「神の弱さは人よりも強く、神の愚かさは人よりも賢い」（コリントの信徒への第一の手紙一章二五節）という言葉の意味は、神の歴史経験がわれわれのそれよりもはるかに深いということである。歴史への洞察の深さに比例してキリスト教の諸行為は非「能率的」となる。宣教学的視座から言えば、「能率性」はしばしば浅薄な歴史感覚を、したがって偶像崇拝的精神を露呈するものである。霊性と能率性の二概念を一つ鍋にぶち込んでごった煮にすること自体、偶像礼拝的である（出エジプト記三二章二四節）。われわれが命令を下すや否や能率的に作用し始める傾向を持ついわゆる「真理」は「非真理」（偶像）である可能性がきわめて高い。

　タイの仏教徒たちがバンコックの大理石製の寺院の仏陀像に畏敬を捧げるのは、偶像礼拝をしているのではない。そう思うなら、あなたの神学は能率的すぎる。仏教徒の畏敬行為の背後には二〇世紀以上にわたる長い宗教的経験の歴史がある。偶像崇拝は「三拝の礼」よりも微妙で捉え難い。「神よ、わたしがほかの人たちのような貪欲な人、不正な人、姦淫を犯す人、……またここにいる収税人のような人でないことをあなたに感謝します」（ルカ福音書一八章一一節）。神の名がここに出てくる。しかしこの文脈における神の名は裁きと救済を意味してはいない。「わたしはあなたに感謝します」の「わたし」は「あなた」よりも中心的な位置を占めている。これは偶像崇拝的ではなかろうか。神の前における己の位置を確立することにおいてあまりにも能率的な「わたし」ではなかろうか。彼は「神の名において」霊性と能率性を結びつけてはいないか。これこそまさしく偶像崇拝である。なぜなら人がためらいなく霊性と能率性を結びつけることができるのは偶像の前にいる場合に限られるからである。この人は「教師コンプレックス」を病んでいるのではなかろうか。神に神学の授業をしているのではなかろうか。神に向かって有能な講師を演じているのではないか。「教師コンプレックス」を病んでいるキリスト教は、実はこの人と同じく、固有の諸々の物語と共に生きてきた民の歴史に深く透入することはできない。能率性と偶像崇拝と教師コンプレックスの三者は相関的関係にある。プロテスタント系大教派の一つは、一九七五年度の同派の世界的な宣教使命について次のように述べている。「世界諸国への宣教と攻勢的福音主義運動を開始すること」。「攻勢的福音主義」とは実に「奇怪な」キリスト教的表現である！　この攻勢はいったい誰に向けられるのであろうか。「外国の人たち」へか。いわゆる異教徒へか。この大教派は福音主義運動をいまだに

「攻勢的運動」の一種だと思っているのだろうか。イエス・キリストは今も「木にかけられている」（ガラテヤの信徒への手紙三章一三節）のだろうか。それともペンタゴン（米国国防総省）のリーダーになっているのか。十字架につけられたイエス・キリスト（ガラテヤの信徒への手紙三章一節）を指し示す以外のことをする福音主義とは何か。「十字架につけられた姿で、ありありと描かれた」人からどうして「攻勢的運動」などを連想できるのか。アジアにおけるキリスト教を歴史的に薄っぺらなかつ仮現説的なリアリティ・ゼロの存在にした軍隊的教師コンプレックスの証拠を、わたしはここに嗅ぎつける。

（お米をもっと食べよう。セブンアップ（炭酸飲料の一種）を飲みませんか。中国で動物学が発達しなかったわけを知っていますか。この地の中国人は、動物を研究するよりは料理することのほうに興味を持っているからだ、とわたしに説明します！　ここでは米飯料理より酢豚料理の方が多いのはそのせいです！）

第三に、キリスト教も宗教の一つである。こう言うと、反論されるかもしれない。「よろしい！　キリスト教が宗教の一つだとしても、キリスト教はほかの誤った、偽りの、人間が作ったほかの諸宗教とは違って、本物の、真の宗教である。イエスに内在する生ける神への信仰である。それゆえ、普通の意味の宗教ではない！」と。しかし思い出して欲しい、キリスト教はイエス・キリストと同一の存在ではないということを。同様にキリスト教徒はイエス・キリストではない。キリスト教徒一般は「キリストのような人」と想定されている。だが、そういうキリスト教徒はごく稀にしかいない。そう言われてわれわれは失望するか、苛立つかするかもしれないが、それは事実である。司教の邸宅は必ずしも「キリストのような」司教の邸宅ではない。イエス・キリストとわれわれの知っているキリスト教には隔たりがある。「わたしに『主よ、主よ』と言う人すべてが天の国に入るわけではない。わたしの天の父の御意志を実行する人が入るのである」（マタイ福音書七章二一節）。イエス・キリストが「主よ、主よ」と呼ばれる宗教がキリスト教である。しかし（イエス・キリストを「主よ、主よ」と呼ぶ）キリスト教徒が「わたしの父の御意志」を実行しないことは大いにありうる。およそ西暦五三年と五四年に書かれたコリントの信徒への手紙において、使徒パウロは教会内の分争について語っている（コリントの信徒への第一の手紙一章一〇―一七節）。教会内分争が「神の御意志」でないことは言うまでもない。キリスト教は、ヒンズー教や仏教やイスラム教と同様に、歴史的に発達してきた宗教である。清らかで、汚染されたことのない神聖なキリスト教なるものは存在しない。宗教としてのキリスト教は他の諸宗教と共にキリストの福音の審判の下に立たなければならない。「誰であれ悪を行う者には、ユダヤ人はもとより、ギリシア人にも苦難と悩みが下り、誰であれ善を行う者には、ユダヤ人はもとより、ギリシア人にも、栄光と名誉と平安が与えられます」（ローマの信徒への手紙二章九―一一節）。

読者がローマの信徒への手紙二章九―一一節を好かないことはわかっている。神が公正であるというメッセージは真の救済神学、すなわち信仰によって義とされるという教義（ローマの信徒への手紙三章二一節）に至るための神学的準備の一部にすぎないと思っているであろう。パウロのメッセージの核心は信仰による義認に見出されるのであって、神の公平無私にではないという理解も正しいかもしれない。しかしわたしはアジアの（西欧と同様に）神学と宣教使命の生の鼓動において、信仰による義認の教義が、（モハメッド・アリのパンチのような）初期に持っていた迫力を失いつつある現実を見てきた。おそらくこの「すべての教義中の王」（ルター）とアジア文明の精神とは創造的結合を遂げていない。信仰義認の教義が意味深いものとされるには、背景幕としての神の義の強烈な意識を必要とする。かかる神の義の神学的経験が歴史的にわれわれの文明の精神の一部をなしているとは思わない。しかし今や……それは到来しつつある。神の公平無私のかたちをとって到来しつつある。キリスト教徒が神の公正さを真剣に受け止めるとき――残念ながら稀にしか起こらない現象だが――信仰による義認の教義がそのアジア的意味を語り始めるのを見たことがある。しかし彼らが公平無私という神の性格を無視するとき――（その人がどのような宗教的信仰を持つかにかかわりなく）悪を行うあらゆる人間に（その人がどのような宗教的信仰を持つかにかかわりなく）誰にであれ苦難と悩みが下るということを無視するならば――信仰による義認の教義は無意味な空論と化した。神の公平無私は神の義である。神は公平無私であるがゆえに義なるお方である。以上の言説のはらむ重要点は何か。教会がアジアの間宗教的状況（the interreligious situation of Asia）に遭遇した結果として、神の公平無私の意識が教会内に出現したということである。ほかの生ける諸信仰の信徒たちが要求しているのは、アジアのキリスト教徒たちがキリストの神の公平無私さを真剣に受け止めるようになることである。彼らが主張しているのは、キリスト教の真正さが神の公平無私の自覚に根差さなければならないということである。彼らはキリスト教信仰に歴史的貢献をしつつあるとわたしは信じている。彼らはアジアのキリスト教会を、アジアにおいて「信仰による義認」の教義の、より深い、より純正な理解に達しうる創造的なアジア的文脈に置きつつあるのである。もしわれわれが力強いローマの信徒への手紙三章二一節を堅持したいなら、同じく力強いローマの信徒への手紙二章九―一一節をも堅持しなければならない。後者には前者を建設する素材の煉瓦がある。間宗教的状況はアジアのキリスト教徒たちを、あえてルター時代の用語を援用するなら、アジア版「聖アウグスティヌス修道会」に加入するよう促している。

間宗教的状況においては、神の公平無私性は単なる抽象的神学概念ではない。歴史的な間宗教的状況が今やここにわれわれと共にあるのだ。現にキリスト教徒と仏教徒が出会い、イスラム教徒がヒンズー教徒と協働し、仏教徒の子弟がキリスト教系学校に通っている。キリスト教会は、「わたしの束だけ立ちました」式神学を拒否し、神の公平無私性による歴史的審判を直視することによって、みずからが歴史に根差した存在であることを証明する好機が与えられている。間宗教的状況からわれわれが聞きとる神学的メッセージは、神の公平無私性である。憐れみあるいは慈悲の行為は、どのような名称で呼ばれようとも、憐れみあるいは慈悲の行為である。賄賂を拒むことは、賄賂がどう呼ばれようと、正しい行為である。傷ついた人の手当をすることは、それがどういう名称で呼ばれようと、立派な行為である。アジアの教会が神の公平無私性を無視し続ける限り、彼らの歴史に対する責任は免れない。

具体的な歴史上の文脈において、キリスト教は諸宗教の一つである。キリスト教徒はそう思わないかもしれないが、キリスト教信仰を告白していない人たちはそう思っている。ほかの諸宗教の熱心な信徒たちの目にキリスト教が深遠な宗教であるということを証明されうる一つの方法がある。「多くの人のために〔みずからの血を〕流した」〔マタイ福音書二六章二八節〕という生き方である。こうした自己否定――キリストのような自己否定――は深い宗教性を帯びていると共に、それゆえに深い歴史性をも帯びている。まさしくこの点で、キリスト教以外の諸宗教を信奉する諸民族の目に、歴史と宗教とが交差するのである。

われわれはすでに仏教のシェマアを研究した。四《し》諦《たい》の第三の真理〔滅〕は次のようなものである。「修行僧よ、苦の滅却の高貴な真理は何か。この欲望の全き衰退と消滅、放棄と諦念、欲望からの解放と超脱である」。こう言うと、キリスト教の神学者はすかさず、それは「歴史を超越せよ」という誘い、「歴史からの超脱」の勧めだ、キリスト教は歴史への参加、歴史への愛着を擁護すると主張する。「初めに言葉があった」と宣言する信仰と「初めに静寂があった」と悟る信仰との間には対照的な違いがあるのは本当だ。この相違点が強調されるのを聞くとわたしは憂慮する。キリスト教徒は仏教徒が「歴史の超越」あるいは「歴史からの超脱」の価値を獲得するために持ち出す歴史的努力を看過しがちだということを。こうした仏教徒の霊的修行の「歴史性」が、「歴史への参加」と「歴史への愛着」の価値を獲得するためにキリスト教徒がなす霊的修錬よりも感銘深く思われることはしばしばあるのである。タイ、ビルマ、およびスリランカにおいてキリスト教徒が仏教徒に劣らぬ「歴史的努力」——たとえば自己滅却の努力——をするなら、キリスト教は「歴史重視の」宗教的信仰としての本性を提示できることは間違いない。宗教的努力の「歴史性」は神の公平無私性のはらむ審判と希望が働くきっかけとなる重大な契機の一つである。神の公平無私性の教えから切り離された信仰義認の教義は、「賢明」かつ「強力」すぎて、有効に働かない〔コリントの信徒への第一の手紙一章二一—二五節参照〕。十字架につけられた精神にとって、歴史に対して無責任な、いわば歴史という土壌から根こそぎされた、かかる「勝てば官軍」主義（triumphalism）は居心地よくない。

神の公平無私性を無視するキリスト教は、当然、われわれ人間の歴史をキリスト的視座から見ることにしくじる。歴史を——とりわけほかの諸宗教の歴史を——自己肯定的視座から見る。自己否定的視座から歴史を見ることをしない。私見では、現在に至る過去四百年間、アジアのキリスト教が本当に民衆の声に耳を傾けてきたとは思えない。民衆を無視してきた。民衆の霊性を無視してきた。民衆の魂の深みから発する憧憬と挫折感を無視してきた。民衆の道義的闘志と感性を無視してきただけではない、〔ドイツ農民戦争におけるルターのように〕断罪すらしてきた。要するに、「あなたはどこにいるのか」と問いかける神を無視してきた。八千マイルも遠くに住んでいる司教や神学者や財政的パトロンの声に耳を傾けてきた。彼らとは対照的に、イエスはサマリアの女に「水を一杯ください」と助けを求めた（ヨハネ福音書四章七節）。「あなたの名前は何というか」とイエスは心を病む人に訊ねた（マルコ福音書五章九節）。ザアカイには「ザアカイ、急いで下りて来なさい。今夜あなたの家に泊まらなければならないのだから」と言った（「急いで下りて来なさい」という言葉の含意をあえて推測すればこうなるであろう。あたりを一望できる高所から下りよ、高みにいれば状況の「処理法」がわかるはずだと思っているかもしれないが、現にわたしは下にいてあなたが理解（understand）できない仕方であなたを掌握しているではないか。さあ、落ちないよう枝をしっかりつかみなさい。わたしはあなたの助力を必要としているのだ）。「今夜あなたの家に泊まらなければならないのだから」（の含意は、わたしに一夜の宿を貸しておくれ！　わたしをもてなしておくれ！　あなたの家の屋根の下でわたしを守っておくれ！であろう）。

教師コンプレックスはとかく独りよがり心理に支配されがちだ。独りよがり癖は、復活した主の命令を援用することで正当化されてきた。「それゆえ行って、すべての諸国民をわが弟子となし、父と子と聖霊の名によって洗礼を授け、わたしが命じたすべての戒めを守るよう教えよ……」（マタイ福音書二八章一九、二〇節）。わたしはこの力強いセンテンスがどうして「独りよがり路線」の是認となるのか理解できない。われわれがすべての諸国民をわが弟子となすべきだとしたら、それは「キリストのような生き方」を通してのみ可能だと、わたしは信じる。（ただ「行け」ではなく、「それゆえ行け……」であることに注意せよ。ということはつまり、イエス・キリストの生と宣教使命に基づく、すなわち彼の愛、自己否定、希望、〔贖罪〕死、および復活……に基づく「行け」だということである）。キリストのような生き方は「困難な生き方」であり、苦痛に満ちた生き方である。十字架に遭遇する生き方である。ときには担い方を知らぬままに〔己の〕十字架を担わねばならぬ生き方である。「他の人々を救ったのに自分自身を救えぬ人」（マタイ福音書二七章四二節）。まさしくこれこそがイエスの生き方、行き方（his manner of going）だった！

次いでわれわれはマタイ福音書二八章一九、二〇節を同福音書二七章四一、四二節および一六章二四、二五節と共に読解しなければならない。「行く」と「それゆえ」が分離されると、二八章一九、二〇節のキリストの遺言は誤解される。十字軍的精神が「それゆえ行け」に導かれると、神学的に積極的な役割を見出しうる。しかし「行け」にのみ注意を注ぐと、十字架につけられた精神の第一義的範型、すなわちキリストの精神に逆らう精神と化す。「それゆえ行け」はイエス・キリストの流儀に従ってわれわれの歴史に接触する。「しかし神はわれわれが罪人であったとき、キリストがわれわれのために死んでくださったことによって、われわれに対する愛を示してくださった」（ローマの信徒への手紙五章八節）。神が歴史に対して愛情と「敬意」を示した方法がここに示されています。

あるアメリカの宣教学者が最近書いた文章から引用します。

ホウィートン・カレッジで開催された一九七四年度全米宣教学会総会における、ある公開討論会で次のような発言が引用された。仮に明日ブラジルから三千人の宣教師が他国へ移されたとしても、ブラジルのキリスト教共同体は、彼らが任地を去ったことにほとんど気づかず、諸教会はおそらく同じ割合で成長し続けるであろう、と。討論会の参加者の一人である、宣教進展状況調査・伝達委員会（ＭＡＲＣ）のエドワード・デイトンは皮肉たっぷりに大声でこう応じた。「三千人は多すぎる。わたし自身の観察では、二八〇〇人が移動させられるだけで十分である！」と。デイトンの発言が聴衆の哄笑を買ったのはもちろんだが、われわれのほとんど全員、それが深層心理のレベルで、実は神経症的な笑いだと感じて落ち着かなかった。ブラジルに派遣されている三千人の宣教師中、二八〇〇人は本当にそれほど非生産的なのであろうか[21]。

わたしは内心すぐデイトン氏の意見に同意した。アジアで宣教師として長年働くことは、あらゆる類いの安全に囲まれた快い暮らしなので、ほとんど例外なく羨望の的である。したがって宣教師であることは、生涯にわたって人生に不可避の危険に遭わずに無事暮らせることを意味する。だが、そのことは宣教師という天職にとってもっとも重要な問題ではない。もっとも重要なのは経済問題ではなく神学的問題である。わたし自身の精神にとって、デイトン氏の穏やかならぬ発言が示しているのは「行く」ことがどれほど容易かではなく、「それゆえ行く」

ことがどれほど困難かということである。連綿と続く生ける聖書的伝統に照らして、「それゆえ行く」宣教師のみが「生産的宣教師」である。

ニュージーランドのもっとも人気のある雑誌『リスナー』の一九七四年一一月号は、ニューヘブリディーズ[20]の詩人アルバート・レマラ（Leamara）の詩を掲載している。

Cross run away, Run away from me.
I hate you. Take your ideas
And your civilization
And go back
To where you belong.
（十字架よ、失せよ、わたしの前から失せよ
わたしはおまえを憎む。おまえの思想と
文明とやらを携えて
さっさと戻れ
おまえが属する文化圏へ）

ニューヘブリディーズの詩人は、太平洋諸島のみではなく東洋の無数の同胞を代表して発言

している。彼らにとって強大な西欧文明は、自分たちが大切にしてきた多くの人間的価値を滅ぼした。こうした見解が緊急な、かつ注意深い吟味にさらされるべきことは言うまでもない。しかしわたしが読者に注意を向けて欲しいと思う点は、怒りの爆発そのものであるこの詩の第一語――「十字架よ」――である。レマラ氏が非難しているのは工場排煙による大気汚染、コンクリート製ビルに歩道、目まぐるしく変わる人間関係、および現ナマの威力に象徴される西欧文明ではない。彼は憎むべき西欧文明の象徴を十字架に見ているのだ！　わたしはイエス・キリストの十字架は敵を持ちえないと思っていた。自己否定の、すなわち〔他者のために〕注ぎ出される命の象徴に対して憎悪の態度で臨むことは不可能だと思っていた。誰であれ正気の人間が〔人間愛ゆえに〕己を空しくした人（フィリピの信徒への手紙二章四―八節）をどうして憎みうるのか。憎まれているとすれば、イエス・キリストは十字架につけられた主ではなく十字架につける主として提示されているのであろうか。もしイエスが他者を十字架につけたとすれば、十字架に対して表現された憎悪は理解できる。

キリスト教徒が十字架につけられたイエス・キリストを宣べ伝えてきたことは真実であるが、しかしアジアと太平洋沿岸の人々はイエス・キリストを、彼ら自身をブルドーザーで押しつぶし、磔《はりつけ》にする存在として経験してきたのだろうか。十字架につけられたキリストが十字架につけるキリストとして見られているという事実は、今日のアジアにおけるもっとも重大な宣教学的問題である。これは実際、教会の生命を左右しうる決定的問題ではなかろうか。こうした見解が事態の真相の一断片にすぎないというなら、こう言ってもよかろう。われわれの失敗はキリスト教信仰の表面にではなくその核心に位置づけられる、と。十字架につけられたキリストが、様々な歴史的および文化的文脈に置かれたわれわれすべてにとって意味するものが何かを洞察しうるほど、われわれは十分に「歴史探求的」ではなかった。かと言って、「さっさと戻れ、おまえが属する文化圏へ」では問題の解決にはならない。今日のキリスト教的宣教における中心的問題を指摘してくれた点で、われわれはレマラ氏に感謝しなければならないが。十字架につけられたキリストを十字軍的キリストに取り換えるべきだ、という提案がなされかねない現状況は、キリスト教的歴史理解の根底に逆らうものである。キリスト教は歴史に敬意を払ってこなかった。それゆえ歴史そのものの目にキリスト教は浅薄な歴史性に留まっているように映る。

キリスト教はイエス・キリストと同一の存在ではないが、イエス・キリストはキリスト教の中心に立っている。われわれが悔い改めた瞬間、われわれの間に立って、「見よ、わたしは世の終わりまで常にあなたがたと共にいる」と語りかけるイエスが見える。この約束はわれわれに悔い改めることを要求する声である。キリスト教はほかならぬこの約束のうちに未来を持つ。未来は悔い改める者たちに属している。悔い改めの内容は何か。「それゆえ行け……」である。十字架につけられた精神の運動である。われわれは悔い改めつつ、われわれの隣人たち〔われわれが遣わされているアジア諸国と太平洋沿岸の人々〕と出会い始める。キリストが常に語りかけている彼らの霊性、挫折感、および憧憬が見えてくる。悔い改めにおいてわれわれは深く歴史的な存在となる。悔い改めから隔てる距離は歴史から隔てる距離に等しい。悔い改めにおいてわれわれが出会うのは十字架につけられたキリストであって、十字軍的キリストではない。「時は満ちた。神の国は近づいた。悔い改めて福音を信じなさい」（マルコ福音書一章一五節）。

第10章　復活に与《あずか》った精神

十字架につけられた精神は聖金曜日的および復活祭的精神である。
人間的能力と人間的欲望の関係
復活に与った精神は、十字架につけられた精神に基づく十字軍的精神が可能であることを信じる。
イエス・キリストは十字架を背負って運ぶ——把手のついてない十字架を！

「復活に与った精神」とはぎこちない表現である。それ自体では不可解なフレーズである。復活せる主イエスを仰ぎ見る十字架につけられた精神のことである。

十字架につけられた主は復活せる主である。使徒的宣教の土台をなすのはこれである。

第一義的重要性をはらむものとして、わたし自身も受けてあなたがたに伝えたメッセージはこれです。キリストは、聖書に記されている通りに、わたしたちの罪の贖いのために死なれました。そして、聖書に記されている通りに、埋葬されて三日後に復活させられました。ついでケファに現れ、その後、十二人に現れました。（コリントの信徒への第一の手紙一五章三―五節）……あなたがたが十字架につけて殺し、神が死者の中から復活させられたナザレ人イエス・キリスト……（使徒言行録四章一〇節）

二人の弟子がエマオという村へ赴く途中、復活せるイエスが彼らに近づいた。彼らは「そこでこの数日間に起こった出来事」（ルカ福音書二四章一八節）すべての正確な要約を彼に話した。

ナザレのイエスのことです。この方は神と民すべての前で言行ともに力ある預言者でしたが、祭司長と議員たちは死刑に処すためイエスを引き渡し、十字架につけました。しかしわたしたちは、あの方こそイスラエルを贖い出してくださる方だと希望を抱いていたのです。それどころか、これらの事どもが起こってすでに三日目のことです。仲間の女性たちがわたしたちを驚かせました。彼女たちは早朝、墓に行ったのですが、遺体を見つけられず、戻ってきて言いました。「わたしたちは天使たちを見ました。『イエスは生きておられる』と天使は言いました」。そこで仲間の者が何人か墓に行くと、彼女たちの言う通りでした。しかしあの方にはお会いしませんでした。（同上一九―二四節）

ここには失望に終わりそうな希望の、己が魂を探るような痛ましい表現がある。「まさにその日」（同上一三節）、主の復活の日は、復活した主への確信なしに過ごされていた。イエスが十字架につけられたということを彼らは知っていた。しかしここにあるのは「遺体が収められた墓」ではなく、空の墓だった。女性たちは「イエスは生きておられる」と言った。然り、そこで彼らはエマオめざして出発したのだ。何のために。深い失望経験をもってエマオに着いたら、彼らは何をするのであろうか。女性たちが話してくれたこと以上の何かに出会うのか。見知らぬ旅人が二人の話題を取り上げて、「キリストはこうした苦しみを受けてから栄光に入る定めだったのではないか」（二六節）と言う。夕方、三人が村の宿で食事の席についたとき、「……彼はパンを取って、祝福の祈りを唱え、裂いて配った。すると二人の目が開け、イエスだとわかった。イエスは見えなくなった」（三〇節）。イエスのこの所作は「裏切られた夜」した所作（コリントの信徒への第一の手紙一一章二三節、ルカ福音書二二章一四―二三節）と同じではなかったか。最後の晩餐、逮捕、嘲弄、および十字架につけられて死を遂げたことの意味は、エマオで復活の主が再びパンを裂いたとき、同一の救済物語となって示されたのである。「あの方が道で話をしてくれたとき、わたしたちの心は燃えていたではないか」（ルカ福音書二四章三二節）。

イエスが二度目に「パンを取って、祝福の祈りを唱え、裂いて」配るまでは、弟子たちは無力感と混乱の危機的状態に残されていた。年表的歴史（クロノロジー）は、印刷紙が火を含むことができないように、復活の出来事を含めることはできない。新約聖書はイエスが復活させられた次第について記述していない。イエス・キリストの復活は通常の時間にとっては新しい経験だったに相違ない！

十字架につけられた主イエスはまだ時間の次元に置かれていた。「昼の一二時頃であった……。イエスは大声で叫んだ。『父よ、わたしの霊を御手に委ねます』。こう言って、息を引き取られた」（ルカ福音書二三章四四―四六節）。イエスはポンテオ・ピラトの下で苦しまれた。「三日目に」死人のうちより復活した。その日は契約の神の究極的神秘が生起した日であった。ゆえに通常の時間は停止しなければならない。この偉大な神秘に遭遇してどうすべきかわからないので。時間が停止すると、被造世界全体が停止した。以後、新たな時間の質において実存するために、全被造世界が危機的状況に引き込まれたということである。したがって復活の主は、新しい時間、新しい秩序、新しい契約、および新しい人間性の到来を意味する。復活に与っている精神とは、通常の時間が未曾有の崩壊を遂げたことを経験した精神のことである。われわれのこの歴史の内部における新たな質の時間の臨在によって捉えられている精神である。十字架につけられて死に、復活させられたイエス・キリストの光の下で時間を見る、きわめて稀なる精神である。すなわち信仰の精神である。信仰の精神は信仰の生む判断力に導かれて働き、常識ではありえないことを敢えて信じる。

復活に与っている精神とは、十字架による刑死の前に一度あり、復活の後、二度目に主が

「パンを取って、祝福の祈りを唱え、裂いて、……する」光景を凝視するとき到来する贈り物である。これら二度の食卓は相関している。二者の間で時間が崩壊したとき、どのようにして両者は相関されうるのであろうか。十字架上で死に、死から復活したイエス・キリストを見よ！　同じイエス・キリストである！　主はわれわれに仕えるために食卓についておられる。主のうちに生を根底から支える凝集力（the vital cohesion）が見出される。「……聖金曜日（受苦日）なしにイースター（復活祭）はない。同様にイースターなしに聖金曜日がないことも確かである！[22]　復活に与った精神は十字架の苦しみに与った精神であり、十字架の苦しみに与った精神は復活に与った精神である。そして復活に与った精神は二度もわれわれに仕えるために食卓についてくださった主によって捉えられた精神である。いわば聖金曜日‐復活祭的精神（the Good-Friday-Easter）である。この精神はあの一連の神学的出来事の神秘のうちに生きている。

死は勝利に呑まれてしまった。死よ、お前の勝利はどこにあるのか。死よ、お前の刺はどこにあるのか。死の刺は罪である。罪の力は律法である。しかしわれらの主イエス・キリストを通してわれらに勝利を賜る神に感謝する。それゆえ愛する兄弟たちよ、堅く立って動かされず、常に全力を注いで主の業に励みなさい。主にあって献げる労苦は空しくならない、とあなたがた自身知っているからである。

（コリントの信徒への第一の手紙一五章五四―五八節）

復活に与る精神はこうした究極的勝利の約束のうちに生きている。それゆえ、（まさしく「それゆえ、行け……」の事例にぴったりだ）「常に全力を注いで主の業に励め」と使徒は命じるのである。復活に与る精神は静寂主義的精神ではない。行動主義的精神でもない。主ご自身が二度も食卓を共にして下さったとき得られた経験に導かれているがゆえに、「常に全力を注いで主の業に励んで」いる。十字架上で死を遂げて復活した主にならって「堅く立って動かされない」。十字架上で死んで復活したイエス・キリストから尽きざる恵みを受け取る、尽きざる機略自在の精神である。この尽きざる機略自在さは基本的に十字架上で死んで甦えるてぃの自在さである。信仰、希望、愛の自在さであって、自然発生的自在さではない。キリスト教以外の生ける信仰に遭遇することを怖れない。彼らと同席しても「堅く立って動かされない」が、同時に、主との二度の食卓における訓練でそうしたように、「有益なテーブル・トーク」を真剣に行うすべを知っている。またこの機略自在の精神は十字架につけられた主の真理――すなわち十字架につけられた真理――を、およびこの真理が自己否定によって伝達させられる仕方を記憶している。歴史に敬意を払い、したがって歴史を「操作する」ことを拒否する。

マーティン・ルーサー・キングが一九六八年四月三日（すなわち暗殺される前日）に、メンフィスのごみ収集作業員のオルグ集会のために行った演説を、わたしは復活に与る精神の、換言すれば聖金曜日‐復活祭的精神、復活祭‐聖金曜日的精神の忘れ難い表現であると思う。

レビ人が最初に自問した問いは、「もしわたしがこの人を助けるために立ち止まったら、わたしの身に何が起こるであろう」だった。だが、ほどなく善きサマリア人が通りかかった。彼はレビ人の問いを逆転させた。「もしわたしが立ち止まってこの人を助けなかったら、この人の身はどうなるであろう」と。今夜、諸君の前に突きつけられている問いがまさにこれである。……今夜こそ奮起して立ち上がろう。不退転の決意で立とう。そしてこの力みなぎる日々に、挑戦し続ける日々に、アメリカをあるべき国にするために闘い続けよう。われわれはアメリカをより良い国家にする好機を手中にしている。そしてもう一度わたしはここで諸君と共にいることを可能にしてくださった神に感謝したい……。今後どうなるかわたしにはわからない。前方には困難な日々が待ち受けているが、実際、今のわたしにとってそれは重大事ではない。頂上まで達した経験があるからだ。だからそんなことを気にしてはいない。それは、わたしだって人の子、長生きできたらしたいと思うであろう。長命にはそれなりの良さはある。しかし今は寿命のことなど心配してはいられない。ただ神の御意志を実行したいだけだ。神はわたしに頂上に達することを許してくださった。諸君と一緒に約束の地に着くことはできないかもしれない。しかし今夜、諸君に知ってもらいたいのは、われわれが一国として約束の地に到達するであろうということだ。わたしが今夜幸せなのはそのためである。わたしは何もくよくよしてはいない。わたしは誰をも

怖れてはいない。わたしの目はすでに主の到来の栄光を見ている。(23)

イエス・キリストはその精神において、レビ人の問いを逆転させた善きサマリア人である。実際、もしそうでなかったら、どうしてキリスト教の社会的実践から救済的意味を汲むことができようか。神が死から復活させた甦りの主を直視しつつ、「今夜こそ立ち上がろう……」。マーティン・ルーサー・キングの動員への呼びかけは新たな人間愛への神の呼びかけに深く根ざしている。新たなメンフィスの幻視が約束の地の幻視と同時的に現れるのはそのせいである。メンフィスと約束の地について語られるのは、あの「二度の食卓」の経験の光に照らしての語りにおいてである。前途にあらゆる恐るべき困難を予見して彼は宣言する、「わたしは誰をも怖れてはいない。わたしの目はすでに主の到来の栄光を見ている」と。復活に与る精神は約束の地を遠望する。この遠望ゆえに彼は力強く、臨機応変の才に富み、霊感に満ち、精力的なのである。だが、この身体的および霊的な力は彼の内なる自己否定の精神の表現にほかならない。「長命にはそれなりの良さはある。しかし今は寿命のことなど心配してはいられない。ただ神の御意志を実行したいだけだ」。新たなメンフィスの幻視（人間的尊厳と社会的正義からなる共同体）と神学的な構造化を経た喜ばしい、希望に満ちた自己否定において、彼は同胞たちに仕え、十字架上で死んで甦ったイエス・キリストに信従し、彼の神に礼拝したのである。

テイヤール・ド・シャルダンの表現を用いれば、マーティン・ルーサー・キングのうちに、

「人間固有の判断力」（le sens de l'humanite）が感動的に表現されたのだ。

人間の判断力の本性は、ある未来の期待のうちに人々を親密にさせ、感動を与えるものである。ある未来の期待のうちにとは、何ものかが、その存在を厳密に証明することはできないにもかかわらず、証明と接触が与えうる以上の確信をもって受け入れられているリアリティになりつつあるという確実感のうちに、という意味である。つまり人間固有の判断力とは信仰のようなものなのだ。

繰り返すと、判断力の本性は、それが基礎的な指導的力を供給する諸活動全体を、やがて出現することが予示されているこの偉大な出来事を用意し、それに仕える業に従属せしめる。今や宇宙で進行中の業、すなわちわれわれがその中で協力している神秘的な最終結果は、成功がわれわれのものであるためには、あらゆることに優先しなければならない、つまりあらゆるものが犠牲にされなければならない、あの「偉大な単位」である。人間の判断力は克己せよ、という召喚状である。

信仰と克己——あらゆる礼拝に欠くべからざる属性がこれらでないとしたら何であろうか。(24)

わたしはマーティン・ルーサー・キングのうちに、二〇世紀のイエズス会・見者〔seer〕によれば、宇宙的意義を有する信仰と克己——病的でもなければ傲岸でもない、喜ばしくて健康的な――を見出す。二度の食卓で鍛えられた精神の、地平をはるかに超える美しさ！　信仰と克己は聖金曜日的精神の、復活祭‐受難節的精神の秘訣である。

二度、主の食卓についた精神は「高蛋白質弁当」についてどう言うであろうか。復活の主（すなわちもっとも臨機応変の才に富む主）を想起する十字架につけられた精神にほかならぬ復活に与る精神は、栄養満点の弁当について何と言うであろうか。人間の臨機応変の才が十字架につけられた主の希望と審判の下に置かれたとき人間的霊性に再生が起こりうる可能性について、わたしはすでに指摘した。本書の結末でこの重要問題について手短に議論を深めよう。

「……わたしは主が与えてくださった地の実りの初物を持参しました」。これが最初の礼拝的信仰告白の結びの文句である（申命記二六章五―一〇節）。二〇世紀における「地の実り」は古代イスラエルの時代よりもはるかに多様であり、多数であり、複雑である。文明（「地の実り」の増加と用途に応用される高度な方法を含む）は、言語、道具、火といった三大文化遺産に表現される。今日われわれは豊穣な話し言葉や書き言葉が用いられる世界に暮らし、もっとも強力な先進的な諸道具を用い、究極的な火の形態である原子エネルギーを手中にしている。われわれは「地の実り」をわれわれの文明の全内容として考えることができる。

預言者ホセアは「地の実り」についてはるかに物議をかもしそうな文脈で語っている。「彼女は知らないのだ、穀物、葡萄酒、オリーヴ油を与え、バアル像造りに民が用いた金銀を惜しまず供給したのがわたしである、ということを」（ホセア書二章八節）。地の実りが豊穣力の擬人化である「バアル像造りに」使われれば、地球上の人類の生命を危うくする結果とならないであろうか。「地の実り」を与えたのが「わたしである」と気づくことが人類にとって緊急事であるのはなぜであろうか。どちらだって良いではないか。神は嫉妬しているのであろうか。自分のしたことを認めてもらいたい一心なのか。

バアルは人類的および宇宙的豊穣（子や農産物を増やす潜在力）を表象している。増産に関心があり、減産を嫌うので、バアルは希望に満ち、積極的で、精力的、かつ生産的である。生命力を表現している。勤勉の原則を保持している、鋭い打算を働かせている。バアルには発展の原則がある。とすれば、なぜホセアと他の多くの預言者たちは契約の民にとってバアルが危険な存在であることをあれほど憂慮したのであろうか。「産めよ、増えよ」と神ご自身が言われたではないか。われわれ二〇世紀人は希望に満ち、エネルギッシュで、生産的で、増産志向のタイプではないのか。

バアルの原理は、増産の原理を意味している限り、人間の共同体にとって有害ではない。だが、バアルはそこに留まってはいない。バアルは増産への渇望になる……いわば渇望を満たすために利用される！　バアルは国民総福祉欲動にならずに国民総生産欲動になる！　ヒットラーのナチズム（国家社会主義）は悪魔的目的のために渇望に駆られて地の実りを総動員した。南アフリカ共和国は渇望に駆られるまま、狡知を働かして（最小の細部に至るまで）人種差別的アパルトヘイト（人種隔離制度）を維持している。[21] 日本は——ＧＮＰ増加欲に駆られて——急速にかつ実質的に再軍備を進めてきた。広島・長崎の経験を踏まえて制定された「平和主義新憲法」を無視して（一九四六年、「日本国民は、正義と秩序を基調とする国際平和を誠実に希求し、国権の発動たる戦争と、武力による威嚇又は武力の行使は、国際紛争を解決する手段としては、永久にこれを放棄する」第二章第九条）。

紀元前八世紀の旧約預言者によって鋭く指摘された、われわれ人間に悲劇的状況をもたらす理由は、有無を言わせぬ不可避性をもってわれわれにズバリ語りかけてくる。一九七四年に行われた重要なエキュメニカルな（世界キリスト教的視座から展開された）討議の一つは次のように述べている。

世界で九億人が栄養不良状態にあり、人類共同体が地球上のすべての生き物を破壊しかねない経済的および軍事的方針に従事している今、キリスト教徒は、人間による人間の無謀な搾取、および人間による自然の無法な搾取の現状に挑戦すべく、新たな証言、新たな行動に立ち上がるよう召されている。過去二〇年間、すべての人間社会をこうした、搾取的、GNP志向的な世界的制度に巻き込む傾向、しかもときには神と人類の名を掲げて追求されることとすらある傾向が見られる。われわれは男と女の相互的関係を変えることなしに、人類の対自然関係を変えることなど望むべくもない。こうした変革は現存の社会秩序の変革を要請している。もっとも方法とその詳細は歴史と多様な社会の諸事情によって相異なることは当然ではあるが。すべてのタイプの社会において、すなわち富裕な社会と貧しい社会、古代の面影を色濃く残している社会と近代化著しい社会、大規模な社会と小規模な社会の別を問わず、人間は新しい生活様式を探究する必要がある。地球の資源の枯渇、地の破壊、および海と空の破壊を不可避にする経済成長の段階的拡大に頼らぬ生活様式を、共同体を断片化し、人間を、神から、彼ら自身から、および隣人から疎外させる――たとえば官僚的および産業的社会構造のような――非人間的な機械的構造を避ける生き方を探究しなければならない(25)。

こうした非人間的状況は増産能力によって引き起こされるのではない、増産せずにはいられぬ増産欲によって引き起こされるのである。バアルは「穀物をひっつかむ……」。バアルは「オリーヴ油をひっつかむ……」。人が「地の実り」をひっつかむと、増産欲に捕まえられる。そして地の実りをバアルのために用いることに熱中する! バアルが人間に「穀物、葡萄酒、オリーヴ油と金銀を与えてくださる」と言うことは、「イスラエルよ、あなたをエジプトの国から金の子牛に向かって導き出したのは、これらあなたの神々である」と言うのと変わらない。契約の神の恩寵をこのように強情に否定した瞬間、すなわち神と人間との、および人間と人間との誠実な契約関係の原則を故意に壊した瞬間、能力は欲に変質したのである。契約関係が壊されると、われわれは必然的にひっつかむ状況の悪に転落する。ひっつかむ状況は偶像崇拝的状況にほかならない。欲しい物をひっつかむことは偶像崇拝的になっていることを意味する。収税人ザアカイは言う、「主よ、わたしは財産の半分を貧しい人たちに与えます。またいくらであれ、わたしが騙し取ったものがあれば、四倍にしてお返しいたします」（ルカ福音書一九章八節）と。これこそ、われわれが多国籍超大企業の重役会議議長の口からぜひとも聞きたいと思っている言葉ではないであろうか！　この言葉を発した瞬間、ザアカイは偶像崇拝から解放されて契約の神の与える生命へと向かって歩み出したのである。「彼もまたアブラハムの子孫だから」（九節）。真にひっつかむ状況において、能力は欲に変質する。あるいはむしろ、ひっつかむ能力が欲と名づけられるべきだ。今日の地球規模で通用する言語を用いれば、欲とは九億の飢えた人々の目の前で、私的な贅《ぜい》を凝らした暮らしを享受する病める能力にほかならない。

然り、「……イスラエルに穀物を与えたのはわたしである……」ということを知ることは重要である、きわめて重要である。ひっつかむような仕方ではない仕方で、われわれの所に来て、われわれの「増産欲」（ひっつかむ能力）を裁くことによってわれわれの生き方を革新するのは確かにこの「わたし」である。「あなたはどこにいるのか」と神は問う。神は全人類との持続的な生ける関係を希求しておられる。神は把手による操作志向の精神でわれわれの世界に到来することはない。神は歴史を統治する。歴史を改革する。歴史を再生させる。最後に神は御子イエス・キリストにおいて歴史を贖うべく御自身を献げられた。イエス・キリストは十字架につけられて亡くなった（「父よ、わたしの霊を御手に委ねます」（ルカ福音書二三章四六節）と、すなわち自己否定の言葉を発して）。彼の手は苦しげに開かれてもいなければ、われわれすべてのために閉じられてもいなかった。十字架につけられたイエスの手はわれわれの歴史に対する非凡な「肯定」を宣言している。これは「……穀物を与えたのはわたしである……」の「わたし」にほかならない。

われわれは先に弁当箱のイメージを「高蛋白質的」人間の臨機応変の才と性格づけた。この臨機応変能力は神からの贈り物として理解されなければならない。われわれの経験ではほとんど常に、臨機応変の才と把手志向的精神とは相伴う。十字軍的精神は臨機応変の才プラス把手志向的精神から成っている。したがってそれは歴史を操作する危険を有している。われわれに必要なのは十字架につけられた精神に基づく十字軍的精神である。それは開かれてもいなければ閉じられてもいない、苦痛に満ちた十字軍精神である。かかる十字軍精神は通常の十字軍精神の概念ではない。十字架につけられた十字軍的精神なのだから！　十字架につけられた臨機応変的精神なのだから！　ここでは臨機応変の才と把手志向精神とは分離させられている！　こうした分裂——すなわち能力と欲の分離、バアル的精神とヤハウェ的精神の分離——が行われる瞬間、われわれの歴史は紛れもなく生命を贈与するエネルギーを経験するのである。人間の臨機応変の才が見出される所いずこにおいても、こうした分裂は生起しなければならない。「……のための十字軍」と「……に逆らうための十字軍」いずれの状況においても、重大な文脈とそれほどでもない文脈のいずれにおいても、十字軍的精神は苦痛に耐えて開かれても閉じられてもいない手を持つお方の爆発的で比類ないエネルギーを経験しなければならない。こうした神学的文脈においては、「十字軍」あるいは「十字軍的」という言葉はもはや使用されえない。この言葉は人間固有の悲劇的な霊的視野の狭さの記憶を、自己正当化と傲慢さの記憶を過剰に蓄えている。しかしそれはここで論じられているもっとも重要な問題ではない。われわれの中心的関心事は、十字架につけられて死に、復活させられたイエス・キリストの光に照らして、大小にかかわらず人間の臨機応変の才を直視することである。

使徒的宣教は十字架につけられたイエス・キリストが勝利者であると宣言する！　復活者キリストは、把手のついていない十字架を担い、それに釘打たれたときに頂点に達した彼の生涯の正しさの証明を意味している。イエスはわれわれに代わって苦しみを受けた。われわれを道具のように扱わなかった。二度、主の食卓についた精神は深く感動して、自己を否定して歴史の終末まで把手なき十字架を担った御方の「救済力」を信じる。「イエスは弟子たちに言った。『誰であれわたしについて来たい者は、自分を捨て、自分の十字架を背負って、わたしに従いなさい……』」。「見よ、わたしは世の終わりまで常にあなたがたと共にいる」（マタイ福音書二八章二〇節）。

原注

（1） *Ecumenical Sharing of Personnel Report*, World Council of Churches（世界教会協議会編「ＷＣＣ職員による年次報告内容の世界教会間分かち合い」）, Geneva, July 1972.

（2） Ogbu U. Kalu, *International Review of Mission*（海外宣教活動評論）, April 1975, p. 146.

（3） P. J. Skinner, quoted in *The Interpreters' Bible*, Vol. 1, Abingdon Press, Nashville and New York 1952, p. 564.

（4） Gerhard von Rad, *Old Testament Theology*, Vol. 1, SCM Press 1975 and Harper and Row, New York, p. 163.〔ドイツ語原書からの邦訳＝Ｇ・フォン・ラート著／荒井章三訳『旧約聖書神学Ｉ――イスラエルの歴史伝承の神学』日本基督教団出版局、一九八〇年、二二〇頁〕

（5） Joachim Wach, *Types of Religious Experience, Christian and Non-Christian*, University of Chicago Press 1951, p. 43.

（6） Mahatma Gandhi, *An Autobiography, The Story of My Experiments with Truth*, Luzac 1950, pp. 302f.〔英訳版からの邦訳＝蠟山芳郎訳『ガンジー自伝』中公文庫、一九八三年、一四二、一四三頁〕

（7） K. M. Panikker, *Asia and Western Dominance*（アジアと西欧の支配権）, Allen and Unwin 1959, pp. 26f.

（8） Article 9, *The Lausanne Covenant*（「ローザンヌ誓約」第九条）, 1974.

（9） Karl Barth, *Church Dogmatics* I, 2, T. and T. Clark 1956, pp. 302f.〔ドイツ語原著からの邦訳＝カール・バルト著／吉永正義訳『教会教義学　神の言葉Ⅱ／２　神の啓示（下）聖霊の注ぎ』新教出版

社、一九九六年、一九〇頁〕

（10） Gerhard von Rad, *Old Testament Theology*, Vol. 1, p. 230.〔前掲邦訳書、三〇三頁〕

（11） Bernard W. Anderson, *The Living World of the Old Testament*, Longmans, 1967（USA: *Understanding the Old Testament*, Prentice Hall）, p. 315.

（12） G. Quell, 'Agape', in *Theological Dictionary of the New Testament* I. Erdmans, Grand Rapids 1964, p. 32.

（13） Kenneth Cragg, *The Call of Minaret*（ミナレットの呼び声）, Oxford University Press 1956, p. 42.〔ミナレット＝祈りの時間を告げるイスラム寺院の光塔〕

（14） Frithjof Shuon, *Understanding Islam*, Allen and Unwin 1963, p. 16.

（15） *Bhagavadgita*, ch. xii, vv. 13, 16. translated by S. Radhakrishnan.〔上村勝彦訳、岩波文庫、一九九二年、一〇六頁によると次のように訳されている。「すべてのものに敵意を抱かず、友愛あり、哀れみ深く、「私のもの」という思いなく、我執なく、苦楽を平等に見て、忍耐あり、……何ごとも期待せず、清浄で有能、中立を守り、動揺を離れ、すべての企図を捨て、私を信愛する人、彼は私にとって愛しい」〕

（16） Buddhadasa Bhikku, *Buddha Dhamma for Students*（学習者のための仏陀の真理）, Sublime Life Mission, Bangkok 1966, p. 51.

（17） *Selected Works of Mao Tse-Tung*, Vol. IV, Foreign Languages Press, Peking 1969, p. 16.

（18） B. D. Napier, *Exodus*, Laymans Bible Commentaries, SCM Press and John Knox Press, Atlanta 1963, p. 30.

(19) Gerhard von Rad, *Old Testament Theology*, Vol. 2, SCM Press 1975 and Harper and Row, New York, pp. 204, 206.〔邦訳＝G・フォン・ラート著／荒井章三訳『旧約聖書神学Ⅱ――イスラエルの預言者的伝承の神学』日本基督教団出版局、一九八二年、二七二、二七四頁〕

(20) R. E. Brown, *The Gospel according to John*, The Anchor Bible, Doubleday, New York 1966 and Geoffrey Chapman 1971, pp. 393f.

(21) C. Peter Wagner, *International Review of Mission*, April 1975, p. 174.

(22) Karl Barth, *Dogmatics in Outline*, SCM Press 1949, p. 114.〔ドイツ語原書からの邦訳＝井上良雄訳「教義学要綱」『カール・バルト著作集10』新教出版社、一九六六年、一四一頁〕

(23) Dick Gregory, *No More Lies*（もう嘘はごめんだ）, Harper and Row 1970, pp. 342f., 345.

(24) Pierre Teilhard de Chardin, *Towards the Future*, Collins and Harper and Row, New York, 1975, p. 23.〔フランス語原著は *Les Directions de l'avenir*, 1973, 未邦訳〕

(25) 'Report: Science and Technology for Human Development. the Ambiguous Future and the Christian Hope. 1974 World Conference in Bucharest', *Anticipation*, November 1974, p. 17.（ルーマニアの首都ブカレストで開催された一九七四年度ＷＣＣ世界会議の記録集『予期と備え』所収「人類の発達に裨益する科学・技術は可能か。曖昧な未来とキリスト教的希望分科会レポート」）

訳注

〔1〕「テクノロジーは制御されている力である」　ハイデッガーの『ヒューマニズムについて』（桑木務訳、角川文庫）の冒頭に行為の本質についての論述がある。ハイデッガーに言わせると、行為は単にある結果を引き起こすことを意味し、その結果の有用性いかんによって評価されるというようなものではなく、物をその本質の充実へと仕上げることをもって本来の使命としているというのである。わたしはハイデッガーがここで行為という言葉で表現しているものを行為の仕方、技法という意味で「テクネ」（ギリシア語）という言葉に置き換えることができると考える。なぜならハイデッガーは物をその本質の充実へと仕上げることをプロデュケーレ（produce＝生み出す、産出する）という言葉で説明しているからである。テクネの姉妹語であるギリシア語「テクノン」が「こども」を意味するということは、テクノロジーのハイデッガー的本質を暗示しているように思われる。こどもが家族や地域社会の人間関係や教育によって育成されつつ成人するということはその本来の人間性（フォイエルバッハの言う類的本質）に向けて成熟していくことを意味するからである。そうした観点から現代のＩＴに代表されるような高度テクノロジーの爆発的な普及を眺めると、それが速度と便利さ（すなわち有用性）を追求するあまり、「考える」（パンセ）という人間性の本質を弱め、衰えさせる傾向を持つのではないか、と憂慮する。むしろ貧富の酷い格差や人権享受の不平等を是正して、人間生活を豊かにし、自然を工業汚染から守るためにＩＴを活用する努力をすべきではないかと思う。

〔2〕マグニフィカート　ルカ福音書一章四六―五五節に記された、いわゆる「マリアの賛歌」を指

す。宗教改革者マルティン・ルターは、一五一七年の九五箇の提題の発表から三年後の一五二〇年九月、教皇によって破門を宣せられたが、彼の主人にあたるザクセン選帝侯フリードリヒ賢公は教皇の命令に背いてルターをヴァルトブルク城にかくまった。ルターは、ザクセン選帝侯にルターのことをとりなしてくれた賢公の甥にあたるヨハン・フリードリヒ公に、マリアが「数ならぬ、みすぼらしい、みじめな、人に侮られる者であったにもかかわらず」救い主の母に選ばれたことに畏怖と感動に満たされたことを歌う詞章についての講解書を献呈する決心をした。石原謙ほか訳『マリヤの讃歌』として岩波文庫に入っているのがその初訳である。序説においてルターは言う。「人間の目は〔神とは〕反対に、……ただただ上のみを見、ひたすら高きに向かおうと欲する。……誰も皆ただひたすらに名誉、権力、富、知識、……をめざして、上へ上へと努力しているのである。……反対に貧困、恥辱、窮迫、苦悩、不安の存する底深い所に目を向けようとする者は、一人もいない。誰も皆そこから目を背ける」（岩波文庫、二三頁。表記は現代仮名遣いに改めた）。ここを読んで人間社会に「いじめ」が絶えない根本的理由がわかったような気がした。

〔3〕　モラトリアム　元来は、債務者の破綻が社会に大打撃を与えることが予見される場合、一定期間債務支払い義務を猶予する法的措置。青年心理学および社会心理学の用語としてこの語が普及したきっかけは、E・H・エリクソンが、自己同一性意識が確立されていない青年にとって、成人として社会的責任を果たす義務履行が猶予され、とりあえず関心のある選択肢を試す期間が与えられるべきだ、という理念を提出して以来のことである。宗教改革者ルターの青年期を見ると、息子の出世を願う父の希望でエアフルト大学法学部に入ったが、旅行途中、落雷に遭遇し、死の

恐怖に襲われたのがきっかけで、父の反対を押し切ってアウグスティヌス隠修修道会に入り、厳しい修行に明け暮れる数年間を経て、一五〇七年司祭になった。逆説的だが、それは公的に宗教改革者としてのアイデンティティを表明する一〇年前のことで、息継ぎできる猶予期間（breathing space）だったのだ。*Young Man Luther*（1958, 邦訳＝『青年ルター――精神分析的・歴史的研究』大沼隆訳、教文館、一九七四年）参照。

〔4〕アンセルムス　一〇三三―一一〇九。カンタベリ大司教、聖人、スコラ哲学の父とも呼ばれる。北イタリア出身。一〇五九年ノルマンディのペック修道院に入った。ratioを信仰対象としてのイエス・キリストの真理の根拠と人間的理性の二義性において捉え、「わたしは知解するために信じる」と、両義の不可逆的関係性を洞察して、スコラ哲学思想を深めた（K・バルト『知解を求める信仰――アンセルムスの神の存在の証明』吉永正義訳、新教出版社、五七―五九頁参照）。トマス・アクィナスが出現する以前のことである。一〇九三年、病めるイングランド王ウィリアム二世からカンタベリ大司教に任命された。しかし王権より教皇権を重んじたがゆえに、二年後、同王から追放された。ヘンリ一世によって復位したが、叙任権問題で対立し、再び追放された。二年後、復位したが、病が高じて死去した。二〇世紀の代表的神学者カール・バルトはアンセルムスを神学者の鑑として尊敬し、一九三〇年の夏学期にアンセルムスの『なぜ神は人となりたもうたか』（*Cur Deus homo*）をテキストにして演習を行った。ヒトラーが奪権してドイツの独裁者となる三年前のことである。

〔5〕「信じるということは理解する以上のことである」　壮年時代はインドへの宣教師として、また南インド合同教会主教として活躍し、後年はＷＣＣ（世界キリスト教協議会）副書記として世界

教会運動に指導的貢献をしたレスリー・ニュービギンは、著書 *The Open Secret*（1995, 邦訳＝『宣教学入門』鈴木脩平訳、日本キリスト教団出版局、二〇一〇年）において、次のように述べている（森泉訳による）。「『イエスが究極的権威であるとわたしは信じている』と言うとき、キリスト教徒は、物理学における、ある陳述が真理であるという自分の信念を肯定する科学者に似た立場に置かれている。発言者自身にとって外的な諸リアリティが真理であると主張するすべての陳述は、発言者がその真理性に一生を賭けている信念の肯定である。これらの陳述は、ある被写体に光が注がれることによってフィルムに映像が造られるように、受動的に受け取られることはない。そうした科学的陳述は、前述の諸リアリティの相互関係についての、次第に大規模化する一般化によって認識されるすべての対象の意味をより完全に把握せんと努めている科学者共同体の継続的努力の結果である。すなわち物理学の研究方法の妥当性への信念によって支えられている科学共同体の継続的かつ情熱的努力の結実なのである」（原書 p. 15）。ここでニュービギンの言わんとしていることは、いわゆる科学的陳述すら、物理学的研究方法の妥当性への普遍的信念に支えられた、物質的真理を確定せんとする科学者たちの忍耐強いかつ情熱的努力の結晶だ、ということである。この信念（faith）と情熱（passion）なくして科学的陳述すら成立しえないということである。冒頭に引用した小山の言葉は、こうした前提を踏まえるなら、納得されうるであろう。訳注〔4〕を参照。

〔6〕「イエスはかがみこみ、指で地面に何かを書いた」 何を書いたかについては古来いろいろ詮索されてきた。姦淫の現行犯で逮捕された女を告発する律法学者やファリサイ派の人々自身の罪状、たとえば姦淫の相手である同罪の男を裁かずに女だけを裁こうとしているとか、裁判官として裁

く前に女に同情すべき事情はなかったか調べる義務を怠ったとか、あるいは彼女に対する秘かな劣情など、いろいろ詮索されてきたが、アラビア語に堪能で中東文化に詳しい米国聖公会所属の聖書学者ケネス・E・ベイリーは、この時イエスは「モーセの律法の厳守、姦淫を犯した女は石打ちによって殺されるべし」と書いていたと推測している。その後でイエスは「あなたがたのうち罪なき者がまず石を投げよ」と言う。学者やファリサイの徒だけではなく、興味深げに傍観している群衆にもこの厳しい言葉は向けられている。「つい二、三分前、怯えた女は冷酷な暴力と苦痛に満ちた死を覚悟していたのに、突然ファリサイ派の人々は彼女よりむしろイエスに対して怒った。イエスは、大きな犠牲を払って、彼らの敵意を彼女から自分の方に移し代えたのであった。その名前すら知らない女性のために!……主の僕の讃歌『彼が受けた鞭によってわれらは癒された』（イザ五三・五、KJV）とあるように」。ベイリーはこの場面に生けるイエスの贖罪愛の実行を見たのである。邦訳『中東文化の目でみたイエス』森泉弘次訳、教文館、二〇一〇年、三五三―三五六頁参照。

〔7〕「主は世界に悪が増大し、人の心の想像力が……」マルティン・ブーバーは『善悪の諸像』（みすず書房『ブーバー著作集』第5巻所収）において、創世記六章五、六節を引用して、「『思い計ること』はタルムードに出てくる〈イエツェル〉に相当し、厳密には想像力そのものであるよりはむしろ想像力を悪へと駆動させずにはいられない〈衝動〉だ、悪い魂の働きではない」という意味のことを述べている。正直に真面目に働いて生計を立て、良い家庭や友人関係にも恵まれ、明朗に暮らしている他人を見ると暗い情念が胸中からふつふつと沸き立ってきて、執拗な憎悪となり、陰湿ないじめをせずにはいられなくなる人がいる。たとえば、メルヴィルの中編『ビ

リーバッド』に登場するクラッガートのような人だ。あまりに無垢なため人間知に欠ける主人公のビリーバッドは哀れな犠牲となった。クラッガートのような心理メカニズムは反ユダヤ主義とも無縁ではない。

〔8〕「神の経験としての歴史」 Abraham J. Heschel, *The Prophets* (Harper and Row, 1962), p. 172. 邦訳＝『イスラエル預言者 上』森泉弘次訳、教文館、三三三頁。キリスト教神学者の中には神の人間化と解する方がいらっしゃるかもしれない表現だとは思うが、このヘッシェル独自の神観を完全に自分のものとして受け入れ、核兵器と原子力発電で覆われた危機的な現代世界への根元的洞察に活かしているキリスト教神学者が一人いる。本書の著者・小山晃佑である。*Mount Fuji and Mount Sinai* (SCM Press Ltd, 1984), p. 333. 邦訳＝『富士山とシナイ山――偶像批判の試み』森泉弘次訳、教文館、二〇一四年、一五―一六頁参照。「ヘッシェルの神学的洞察によれば、われわれはこの脅威に満ちた状況を神がどのように経験しているかを洞察しようと試みなければならない。ドロテー・ゼレ（Dorothee Sölle）は言う、核兵器は神を標的にしている！と。われわれによる歴史経験と神によるそれとは質的に違うと言うだけでは十分ではない。預言者サムエルの有名な言葉『主は人間が見るようには見ない。人間は外見に目を奪われるが、神は人の心情に目を留める』（サムエル記上一六章七節）……」。

〔9〕「今日の社会においては金銭関係が人格的関係に取って代わりつつある」カール・マルクスは『経済学・哲学手稿』（一八四四年）において、シェークスピアの『アテネのタイモン』の主人公（鷹揚な性格の将軍）が、群がる貪欲な連中に惜しげもなく金貨をくれてやり、破産して気づくと誰も助けに現れず、絶望して、貨幣によって心が歪められた人間を呪い散らす言葉が作者の鋭

い貨幣観を表現していると指摘している。マルクスが注目しているのは貨幣の二つの属性の指摘である。略述すると、①貨幣は目に見える神であり、すべての人間的な、また自然的な諸性質を反対のものに変え、本来、共存できないものを兄弟のように親しくさせる。②貨幣は娼婦的存在であり、個人と国家の欲望の取り持ち役である。貨幣の神的な力は人類の疎外された類的本質にほかならない（古在由重訳、岩波文庫、一八三―一八四頁参照）。類的本質という言葉はマルクスがフォイエルバッハから学んだ用語で、ここでは人類固有の本質的能力、すなわち労働によって生活に必要な物を生産し、互いに交換して生活に役立てる能力のことであろう。そうした人類の本質的能力が交換媒体である貨幣自体の属性であるかのように通用している（物象化）結果、過剰な金銭欲が人間関係を歪めている現実がある。資本主義、特に現代のような高度金融資本主義の時代ではまさに「金銭関係が人間関係に取って代わる」倒錯が横行しているのではなかろうか。森の中で、盗賊が隠しておいたらしい金貨の山を偶然発見したタイモンの言葉、「なんだこれは？　金貨か？　黄金色に輝く金貨か？　これだけの金さえあれば、黒を白に、醜を美に、邪を正に、卑賤を高貴に、老いを若さに、臆病を勇気に変えることもできるだろう。神々よ、いったいどうしたのです？……この黄金色の奴隷は宗派を結びつけたり、離れさせたりし、呪われた連中を祝福し、……盗賊を出世させて元老院並の爵位や威厳や栄誉を与えるのだ」（四幕三場）。

〔10〕　ゴータマ・シッダールタ　仏教の開祖・釈迦牟尼仏の幼名。北方仏教資料では紀元前四八三年四月八日、今のネパール地方のインド国境近くのカピラ城城主のスッドーダナ王とマーヤー夫人の王子として誕生。母は生後七日で亡くなり、母の妹に育てられた。父王は再婚し、数名の異母兄弟が生まれた。一六歳のとき結婚し、ラーフラという男児が生まれた。ラーフラとは古代イン

ドの神話では悪鬼の名前である。シッダールタにとっては修行の妨げと思われたらしい。因みにヘブライ語で悪はラアという。若くしてシッダールタは老い、病、死、憂い、および汚れを避けられぬ人間の運命について思い悩み、解脱の境地、ニルヴァーナに憧れた。彼が宮廷における世俗の暮らしを捨て去り、善を求めて出家し、修行者になったのは二九歳の時であった。彼は当時インドで最大の強国マガダ国の首都ラージャガハに赴き、ビンビサーラ王と出会う。王は後に仏教徒になる。シッダールタは断食をはじめ多くの苦行を積んだのち、苦行の空しさに目覚め、七年間にわたる悪魔（マーラ）の誘惑（世俗的善業による）と脅迫（死による）を退けた。「わたしには信念があり、努力があり、知恵がある」と言明することによって。そして三五歳で究極的悟りを得、仏陀となった。以来、四五年間インド各地を、慈悲の宗教としての仏教を説いて歩いた。享年八〇で入寂（石田瑞磨『例文仏教語大辞典』［小学館、一九九七年］および中村元『ブッダ伝――生涯と思想』［岩波文庫］に拠る）。イエスがナザレの大工の家の長男として生まれ、家業を継いで兄弟の多い一家を支え、三〇歳にしてメシアの自覚を得て家を出、従兄ヨハネから洗礼を受けて神の国の宣教を開始し、三三歳の時イザヤ書五三章の主の僕のごとく世の人々の罪を負うて十字架の死を遂げたという伝承と比較すると、身分の高低と長寿・短命、および自覚の内実に違いはあっても、ほぼ同年齢で発心して家を出、悪魔の誘惑を退け、生死を賭けて慈愛を実践したという点で若干の共通点があったことは印象深い。

〔11〕 ヴィシュヌ信仰　ヴィシュヌはヒンズー教の三大神の一つで、宇宙世界維持の神。ヴィシュヌが堂々と闊歩すると大地と人々の暮らしは平安になると信じられていた。吉祥天女に相当する天妃ラクシュミーをはべらせ、ガルーダ（伝説上の巨鳥）に乗り、大蛇を褥《しとね》とする。バクティ（絶

対帰依）信仰の隆盛につれてシヴァ神と共に最高神として崇められるようになった。

〔12〕 バガヴァッドギーター　文字通りの意味は「荘厳なるもの（神）の歌」。紀元一世紀頃の成立。ヒンズー教の聖典の一つで、真の神への信頼に基づく己の義務の勇敢な遂行を奨励する詩群。骨肉同士の戦争に逡巡し、総指揮官として進軍しようとしないアルジュナ王子に対してヴィシュヌ神の化身たる御者のクリシュナは、行為の結果を顧慮せず、私情を捨てて第一義的義務の遂行に専心すべし、と説く。『ビリーバッド』の例を引けば、古参兵曹長の執拗かつ陰湿ないやがらせに遂に耐え切れず、思わず彼を撲殺してしまったビリーバッドを、内心にこみ上げる同情を克服して軍法会議にかけ、軍律に従って処刑したヴィア船長がヒンズー教最高の美徳バクティ（ヴィシュヌ神への全き帰依）の模範と言うべきであろうか。昔、映画「ガンジー」を見たとき、南アフリカの労働者に対する白人資本家たちの無情な搾取と虐待に反対する「大行進」の先頭を歩くガンジーの姿に、ある種の戦闘精神を感じたことを覚えている。彼がバガヴァッドギーターを日々愛読していた理由がおぼろげながらわかった気がした。岩波文庫に上村勝彦訳が入っている。

〔13〕 シェマア　ユダヤ教信仰の真髄の表明である申命記六章四―九節の言葉である。シェマアは冒頭の言葉「聞け」のヘブライ語である。「聞け、イスラエルよ。われらの神、主は唯一の主である。あなたは心を尽くし、精神を尽くし、力を尽くして、あなたの神、主を愛しなさい。今日わたしが命じるこれらの言葉を心に留め、子供たちに繰り返し教え、家に座っている時も道を歩く時も、寝ている時も起きている時も、これを語り聞かせなさい。……」。子供たちに唯一の主なる神を全心全霊で愛せ、と繰り返し言葉で教えることの重要さを強調する後半部はイスラエル民族の教育愛の特徴が如実に表れていると思う。

〔14〕　ミツヴォット　ミツヴァーの複数形。A・J・ヘッシェルは*God in Search of Man*（一九五五年）において言う、「ある単語が使われる頻度と強度が、ある民族の心性にとってその単語が持っている重要度を示す指標として役立ちうるとしたら、ミツヴァーという語は至高の重要性を持つ語である。事実、ヘブライ語とイディシュ語におけるミツヴァーという用語の役割はほとんど他に比肩するものがない。……ミツヴァーは誡めだけではなく律法、律法を守る人間の義務、および義務あるいは善行を果す行為、とりわけ博愛あるいは慈善の行為をも意味する」（『人間を探し求める神——ユダヤ教の哲学』森泉弘次訳、教文館、一九九八年、四四三頁）。

〔15〕　行動の果実の断念　行動（義務の実行）の結果得られうるものへの欲望あるいは思惑を断ち切り、行動そのものに集中すること。そこから真の沈着が生まれる。

〔16〕　法華経の第一部に当たる無量義経　法華経（サッダルマ・プンダリーカ＝白蓮のような正しい教えの意）は三部からなり、第一部では大乗仏教が自利・利他の教えであり、菩薩がその実践者であると説き、声聞《しょうもん》（＝弟子）も修行によって菩薩となりうると励ます。第二部は無量寿（命）なる仏陀は迷える衆生を憐れみ、正しい教えを説き聞かせて倦むことがないと説く。第三部は法華経護持の功徳を讃え、現世利益の仏として観世音菩薩を礼讃する（岩本裕『日本仏教語辞典』［平凡社、一九八八年］参照）。

〔17〕　共通感覚　もとアリストテレスが『霊魂論』において五感すべての同時的対象となりうるものを共通感覚対象と呼んだが、やがて複数の感覚が受け取る諸印象を統合する能力を指すようになった。そして近代に入ると、いわゆる「常識」（コモン・センス）として成人が持つことを期待される社会適応性を指すようになり、独創性の反対概念として理解されるようになった。しかし

わが国では、一九七九年に中村雄二郎の『共通感覚論』が出るや、共通感覚は、教育や臨床医学や演劇や文化人類学的フィールドワークの現場で、偏見や固定観念が壊されて他者との鮮烈な出会いを経験しうる柔らかい鋭敏な感受性と諸領域横断的な判断能力を指すようになった。「コモン」が「共通な」「普遍的」という意味だけではなく、文化人類学者ギアーツが創出したターム「ローカル・ノレッジ」、すなわち多様な地域社会、諸外国の文化の異質性に開眼され、人類概念が革新され、豊かにされる知的経験能力を含意するようになったのである。ギアーツの『ローカル・ノレッジ――解釈人類学論集』(梶原景昭ほか訳、岩波書店)と『文化の読み方／書き方』(森泉弘次訳、岩波書店)参照。

〔18〕 フィジー　南西太平洋の中央部、大小三百余りの島々からなる共和国。もっとも大きい島々は深い森で覆われた、高度約一三〇〇メートルに達する山地である。土壌は肥沃で、サトウキビ、タロイモ、コメ、ココナッツ、パイナップル、バナナ、綿花が栽培されている。もとイギリスの植民地だったが、一九七〇年独立して、英連邦の一国となった。人口はインド系の人々とフィジー原住民が主で、約五〇万人。前者のほとんどは綿花プランテーションで労働させるためにインド本土から連れてこられた人たちの子孫である。

〔19〕 マックス・ミュラー　Friedrich Max Müller, 1823–1900. 宗教学者、神話学者。ドイツのデッサウに生まれる。ドイツの複数の大学で言語学や哲学を学んだ後、パリやロンドンなどで研究活動を行う。一八五四年から七五年までオックスフォード大学教授。神話を自然体験の想像的表現と考える自然神話学派を形成した。彼の広範な文献学・歴史学資料に基づく比較宗教学は近代宗教学のさきがけとなった。『リグ・ヴェーダ』の全訳や仏教聖典叢書の編纂など、価値ある研究活

動の動機は、すべての宗教は永遠の真理を多少とも含んでいるという信念だった。

〔20〕 ニューヘブリディーズ（諸島） 南太平洋、オーストラリアの北東方にある火山および珊瑚島群。英仏共同統治地。人口約八六〇〇〇人、主にメラネシア人。主産物は燻製ポプラ、カカオ、コーヒー。

〔21〕 アパルトヘイト 人種隔離政策、特に南アフリカにおいて行われた黒人に対するものを言う。一九九三年に全面的に廃止された。著者・小山晃佑がアパルトヘイトの問題についてどれほど深い関心を持ち、そうした非人間的制度が廃止されたのちも、一見、平等な民主社会の中で冷然と行われている無関心という差別にどれほど憤りを感じていたかは、講演集『神学と暴力』（森泉弘次・加山久夫編訳、教文館、二〇〇九年）に明らかである。二二頁から引用する。「これとは対照的な、容易に気付かれない暴力があります。差別されて苦しんでいる人たちへの無関心です。黒人を同じ人間として見ない、差別の現実を見て見えないふりをする冷淡さです。自分たちの国の公然たる人種差別政策に関心を示さず、長年放置したかつての南アフリカの白人たちは、彼らの無関心、沈黙において人種差別を実質的に支持したのです。……公民権運動家の故キング牧師は明言しています。暴力には目に見えるのと見えないとの二種類があって、始末に負えない巨大な損害を人間生活一般に加えているのは、むしろ後者だ、と」。

訳者あとがき

(1) 小山晃佑の主な著書とその訳書

世界的なエキュメニズム神学者にして、タイ、シンガポールなど東南アジアにおける長年にわたる宣教活動と、現地牧師、伝道者の養成教育者として知られる小山晃佑(一九二九—二〇〇九)の著書を挙げてみよう。一九六五年キリスト新聞社から出た『托鉢僧と水牛の国で』に始まって、出身教団である同信社から出された珠玉のエッセイ集『その町が平安であれば』(二〇〇二年)ほか、多数の日本語著書と、主として米国のオービス・ブックス社から刊行された、小山の代名詞ともなった *Water Buffalo Theology*(初版＝一九七四年、二五周年記念版＝一九九九年)をはじめとする数冊の英語著書がある。後者は、教文館からすでに邦訳『水牛神学』(二〇一一年)と『富士山とシナイ山』(初版＝一九八四年、邦訳＝二〇一四年)が刊行され、講演集『神学と暴力』(森泉弘次・加山久夫共編訳、二〇〇九年)も同社から出されている。著書に収められていない一〇〇編以上の神学的エッセイからの選集邦訳『裂かれた神の姿』(岩橋常久訳、日本基督教団出版局、一九九六年)もある。

(2) 本書の特徴——比喩的言語表現の目指すもの

最近、小山の英語著書の中で気になる一冊が残されていることに気づいた。本書である。原書は一九七六年オービス・ブックス社から刊行された。ハード・カバー判で本文一二〇頁に満たぬ小著ではあるが、改めて精読すると、No Handle on the Cross（把手を欠く十字架）* というタイトルや第一章の見出し Cross and Lunch-Box（十字架と弁当箱）、および冒頭の記述の軽い乗りのトーンから一見想像されがちな時代迎合的な著書とは程遠い、内容的には鋭い問題意識に貫かれた本格的な神学書であると共に優れた文明批評の書でもあることがわかる。それだけではない、最初は軽薄に思えた（アメリカ都市に見られる）「把手つき栄養満点の弁当箱」や「把手を欠く十字架」という比喩的言語が、進展し続ける便利至上主義の現代文明の致命的問題点や、バルト以後の神学界では流行遅れに思える宗教改革者ルターの「十字架の神学」の不易の本質を的確に示す有効な象徴であることが明らかとなる。

思えば福音書に頻出するイエスの説教がほとんどすべてと言ってよいほど、同時代の中東文化と民衆の生活に根差す比喩で語られていたことを思い出す。そこでは、農民、漁民、大工などの職人の仕事と結ばれたイメージが豊かに用いられている。飢え渇くように生きた教えを聞こうとイエスの周囲に集まる人々にはズバリ胸に響く説教ではあるが、他方、言葉尻をつかんで罠にかけようと身構える人々には、肝心要《かなめ》の生ける教えが素通りしてしまう、「平易で難しい」説教である。『水牛神学』以来、タイの地味で牧歌的な農業文化や近代テクノロジーの粋が光るニューヨークの都市文化から有効な比喩的言語を汲み出す小山晃佑の文体（スタイル）は、一見奇異な印象を与えるようでいて、実は二千年前のイエス自身の説教スタイルに案外近いのかもしれない。

＊ キリスト者が人口の一パーセントに満たないわが国なので、原題の直訳では著者の意図が通じにくいと考え、邦訳の書名を本文の主題とも言える「十字架につけられた精神」とした

次第です。

（3）本書執筆の時代背景

本書初版の刊行年一九七六年と言えば、『水牛神学』初版刊行の二年後であり、ニュージーランドのオタゴ大学宗教学担当教授として、アジアの伝統的諸宗教と世界の代表的宗教の歴史的由来と特性について講義を始めて二年後のことである。それに先立つ八年間のタイ宣教と神学校教授および六年間のシンガポールを中心とする東南アジアの諸教会の牧師・伝道者養成教育を通して経験したアジア宣教上の問題意識が両著執筆の基礎的モチヴェーションであることは言うまでもない。

翻って当時の世界の政治的状況を顧みると、一九六五年のアメリカ軍による北ベトナム爆撃開始で本格化したベトナム戦争が、米軍の支援を受けていた南ベトナム軍の拠点サイゴンを北ベトナム軍が陥落させて終結したのが一九七五年であった。最大五四万超に達した派遣米軍によるジェノサイドを思わせるような村落もろともベトナム民衆と自然を全滅させるナパーム弾・枯葉剤作戦は大国による小国に対する残酷な戦争の典型であった。米軍が標的とした北ベトナムと解放戦線側の死傷者数は戦闘員が二二七万人超、民間人が四四〇万人、対して南ベトナム軍の死傷者数は六〇万人弱、米軍が三六万人だと言われる（正村公宏『戦後史下』二九八頁）。多くの日本企業は「ベトナム特需」で大儲けをし、東南アジアへの経済進出を拡大した。その翌年に本書が刊行されたということは、著者の自己否定即非暴力の神学思想が色濃く表れている本書を読む際、記憶しておいてよいと思う。もっとも著者の非暴力の神学思想を直接知るには講演集『神学と暴力』を読むにしくはないが。本書の主題は、小山の徹底的非暴力の神学の根拠たる「十字架につけられた精神」の探求である。彼自身の用語を用いれば、場合によっては神の名を掲げて戦うことをいとわぬ「十字軍的精神」に対する、「〔不正と無関心がはびこる世にあって〕正しく行い、慈しみを愛し、へりくだって神と共に歩む」（ミカ書六章八節、傍点部はロシア語訳聖書による）「十字架につけられた精神」の本質と有効性を探る歴史的探究である。

著者が敬愛してやまないマーティン・ルーサー・キング牧師やラビ・エイブラハム・ジョシュア・ヘッシェルらが運動の指導者として活躍して、一九六五年に成立した、アフリカ系アメリカ人の平等権を保障する公民権法。それに促されて激化した男女平等運動の結果、一九七一年一〇月、三五四票対二三票の大差で下院を通過したERA（男女平等憲法修正条項）。小山の神学思想が、こうした平等思想の歴史的実現過程の影響下に形成されてきた一面があることを忘れてはならない。

（4）本書を貫く問題意識

これは東南アジアにおけるキリスト教宣教の深刻な停滞の根本的原因は何か、およびそれを克服するにはどうしたらよいかという問いである。著者はキリスト教宣教に潜む根強い権威主義、対象民族の歴史と伝統文化に敬意と関心を注がぬ優越意識、および一方的な十字軍的伝道運動、および近代的操作主義に停滞の根本的原因を見出す。著者のアプローチのユニークさは、普遍的宗教に通底するシェマアを他の諸宗教のうちにも見出し、その特性を解明することによって、聖書的シェマア（「聞け、イスラエルよ」で始まるユダヤ教の基本的信仰告白。申命記六章六節以下）の本質を浮き彫りにすることである（第6章）。著者の用法におけるシェマアは世界の普遍的宗教のいずれにも通底している自己否定＝自己犠牲の倫理である。

元来ユダヤ教の伝統的信仰告白であるものを他宗教の中心的な教えと並列化することは不見識と思われようが、主イエス・キリストの神すなわちインマヌエルの神が世界と歴史の主なる神だとすれば、普遍的な諸宗教にその部分的反映が見出されるとしても不思議はない。カール・バルトも親鸞の教えにキリストの「功なくして信じる罪人を義とする」教えに通じるものを見出していた。二〇世紀の代表的神学者の一人カール・ラーナーの「諸宗教の神学」の志向性にもバルトの洞察に通底するものが見出されると思う。他の普遍的諸宗教（いわゆるカルト宗教ではない！）の教えを偏見のない目で見て、その長所を認めることへの拒否あるいは躊躇が福音宣教の躓きになっているという洞察が、小山晃佑による近代の十字軍的ミッション・ボード批判の要である。

小山は十字軍的精神を全面的に否定しているのではない。前述の「十字架につけられた精神によって導かれる十字軍的精神」による宣教の有効性を主張しているのである。第9章で指摘されているように、優越意識一辺倒の十字軍的宣教方式が対象国の歴史と文化を破壊して進められるならば、ニューヘブリディーズの詩人アルバート・レマラの詩「十字架よ、失せよ、わたしの前から失せよ、わたしはおまえを憎む。おまえの思想と文明とやらを携えて、さっさと戻れ、おまえが属する文化圏へ」（一七六頁）に鮮烈に表現されているような強固な拒否で迎えられるであろう。「へりくだって神と共に歩む」姿勢を維持しつつ、対象国の文化と歴史に敬意を払い、そこから学びつつ福音を、身をもって説き続けることによって、祖国を破滅の運命から救いうる聖書の真理を祖国の精神風土に根づかせることができるであろう。著者が八年後に発表した『富士山とシナイ山』はそうした根づきの目標をめざす範例的一歩であると信じる。

小山晃佑の著書を初めて読む方のために略歴を記す（別記）。主な著書は以上のあとがきに記されているので省略する。

最後に四〇年前に刊行された本書の今日的意義を認めて訳書出版を決意された教文館社長・渡部満氏と、注意深い示唆によって訳文を補正してくれた編集者中川忠氏に心から感謝します。

再び最後に私事で恐縮です。二月末、本書の訳業の最終段階で妻が突然重い病にかかり、介助のため仕事を中断せざるをえなくなりました。ようやく四月に入り、新処方の薬が効いて病状が和らげられ、仕事を再開しました。その間、聖公会の吉村司祭と友人たちが熱心に妻のために祈ってくれたことが忘れられません。

二〇一六年初夏

森泉弘次

著者紹介

小山晃佑（こやま・こうすけ）

1929年　東京に生まれる。

1952年　日本基督教神学専門学校（現在の東京神学大学）卒業。在学中『神の痛みの神学』（2009，教文館）の著者として高名な北森嘉蔵教授に師事。日本基督教団の補教師となる。

1959年　プリンストン神学大学よりルターの神学の研究でPh. Dを受ける。

1960-68年　日本基督教団派遣宣教師としてロイス夫人と共にタイ国に赴き，首都バンコックでのタイ語研修のあと，北タイ・チェンマイの合同教会神学校の教師として牧師養成に従事。かたわらその地で按手礼を受けて宣教する。その間タイ語で5冊の神学的著書を出す。

1968-74年　シンガポールの東南アジア神学大学院・院長の職を務める。この間アジアの諸教会，諸神学校の連帯関係を強めることに貢献した。

1974-80年　ニュージーランドのオタゴ大学宗教学担当教授として，アジアの諸宗教について教える。この間レスリー・ニュービギンやD.T.ナイルズや黄彰輝など，世界教会運動で指導的役割を果たしてきた神学者たちと交流し，エキュメニズム神学の真髄を吸収する。

1980-95年　ニューヨークのユニオン神学大学の「エキュメニクスと世界教会」担当教授として教鞭をとる。韓国人神学生対象の奨学金制度を導入。

1996年　同大学を退任，名誉教授となる。以後WCCその他，エキュメニカルな組織の総会や学会で基調講演をしたり，日本を含む世界各地で講演活動をしたりする。

2009年　3月25日マサチューセッツ州の病院にて，食道ガンに肺炎を併発し，召天。

十字架につけられた精神──アジアに根ざすグローバル宣教論

2016年6月20日　初版発行

著　者　小山晃佑

発行者　渡部　満

発行所　株式会社　教文館

〒104-0061 東京都中央区銀座4-5-1

電話 03(3561)5549　FAX 03(5250)5107

URL http://www.kyobunkwan.co.jp/publishing/

印刷所　株式会社 三秀舎

配給元　日キ販　〒162-0814　東京都新宿区新小川町9-1

電話 03(3260)5670　FAX 03(3260)5637

ISBN978-4-7642-6724-4　Printed in Japan